AF366095

AGUSTÍN SOLER

LA CONDICIÓN HUMANA

AGUSTÍN SOLER

LA CONDICIÓN HUMANA

Colección: VITAE

LA CONDICIÓN HUMANA
1.ª edición, 2011

© 2011, Agustín Soler Molina
© de esta edición, incluido el diseño de la cubierta, ICG Marge, SL

Edita: Marge Books - València, 558, ático 2.ª - 08026 Barcelona
www.marge.es - Tel. +34-932 449 130 - Fax +34-932 310 865

Director: David Soler
Gestión editorial: Hèctor Soler, Laura Matos, Anna Palacios
Colaboración literaria: Roser Pérez Castro
Compaginación: Mercedes Lara
Impresión: Zero preimpresión, SL (Molins de Rei, Barcelona)

ISBN: 978-84-92442-24-9
Depósito Legal: B-

A mi esposa, Ana,
a mis hijos, Agustín, David y Daniel,
a mis nietos, Hèctor, Demian, Roger, Eva y Daniel,
y a mis bisnietos, Martina y Gael.

Índice

Prólogo

Agustín Soler Molina nació en enero de 1922 en el barrio barcelonés de Poble Nou, en el seno de una familia de pequeños artesanos y comerciantes. La edición de este libro coincide con su 89 aniversario.

No es habitual presentar a un autor novel de edad avanzada, y aún lo es menos que el escritor primerizo esté lo suficientemente motivado para abordar una cuestión tan compleja como es «la condición humana» con el bagaje de su condición autodidacta, su experiencia personal y una sencilla biblioteca.

Como él manifiesta, todo «cómo» tiene su «porqué». Quizá, por este motivo, cuando el lector alcance las últimas páginas eche en falta una última entrega, algunas pistas donde el autor explique cuál es su porqué personal, el íntimo, el que día tras día lo ha llevado hacia sus singulares reflexiones y a no dejar de preguntarse «por qué».

He de advertir que la relación paterno-filial que me vincula al autor posiblemente sea un impedimento para hacer una estimación objetiva de su persona y de su obra. Pero aprovechando ese entorno de franqueza familiar en el que nos movemos, trato más bien de dar unas pinceladas que esbocen un perfil.

Aunque se trate de un autor novel, hace unos años, Agustín Soler publicó un libro de aforismos que tituló *Algo de lo que aprendí en la vida.* En sus páginas se recogía una buena cantidad de breves textos en los que presentaba sus inquietudes, sus dudas y algunas convicciones, un sustrato elaborado a lo largo de una vida y que ahora es el fundamento de esta obra.

Así, aunque no sea ésta la primera vez que se enfrenta al reto de exponer sobre el papel las ideas, sí es la primera ocasión en que se ha propuesto abordar el motivo central de sus pensamientos de una manera más organizada, es decir, estructurada en capítulos de una cierta extensión, que faciliten la visión de las diferentes perspectivas desde las que aborda la condición humana.

Hace más de sesenta años que el autor empezó a tomar breves notas relacionadas con los aspectos más esenciales del ser humano. Unas anotaciones que, más que hechos y certezas, expresaban incógnitas sobre el porqué de cada cosa que sucedía en su ámbito existencial.

No es difícil imaginar que el período entre los años cuarenta y setenta del pasado siglo XX no fueron buenos tiempos para la lírica de las ideas. De modo que podemos imaginar fácilmente a Agustín Soler como un pensador aficionado a los debates en su entorno más cercano, el de los colegas profesionales, los encuentros familiares, los vecinos y un reducido círculo de amistades. También podemos imaginarlo como un implacable devorador de libros, motivado por saber y por dar a conocer. Aún hoy, la biblioteca móvil que visita semanalmente, Sant Llorenç d'Hortons, es testigo de su inagotable sed de conocimiento y de su capacidad para provocar el debate.

Pero la madurez no perdona y, posiblemente, con la edad uno tiende a consolidar el tronco de sus convicciones y a dejar un tanto de lado las innovaciones y las actualizaciones que se atribuyen o se relacionan con el cambiante mundo de los más jóvenes. Probablemente, si el autor hubiera disfrutado unas décadas antes del acceso al inmenso canal de información y a la red social que hoy es internet, sus pensamientos se fundamentarían con mayor peso en la experimentación y la constatación científicas.

En cualquier caso, el énfasis que hace sobre la causalidad de los acontecimientos lo aproxima al pensamiento científico que rige la mayor parte de las vidas y lo que en ellas sucede, al tiempo que lo aleja del pensamiento mágico que durante siglos ha sido la fuente del oscurantismo cultural y la alienación del ser humano.

Por lo demás, como es bien sabido, con el tiempo las personas tendemos a acumular los defectos y las obsesiones, pero también aprendemos a relativizar las situaciones críticas, a suavizar las controversias y a practicar la tolerancia. No será, pues, de extrañar que el lector pueda apreciar tanto lo uno como lo otro, con algunos guiños de ironía y sentido del humor.

El ejercicio de la reflexión es saludable a cualquier edad, pero sin duda tiene una significación especial cuando se practica en una edad en que más bien parece que debiera apetecer el descanso comedido.

Este libro también puede interpretarse como una invitación del autor a que desde cualquier situación personal se practique el sano ejercicio de la expresión del pensamiento como una manifestación democrática de nuestra sociedad, un derecho que conviene cuidar y preservar para nuestra salud social y para la de nuestros descendientes.

El novelista y periodista Juan José Millás escribía un buen día en *El País* que hay libros que «aunque no son negocio para nadie, el mundo sería peor sin ellos». Y añadía: «Hay escritores que viven modestamente de abrir puertas ideológicas o formales que con el tiempo, aun sin saberlo, atravesamos todos». Posiblemente, esta edición y su autor sean un ejemplo.

DAVID SOLER

Introducción

Este libro es una reflexión sobre la condición humana y sus causas principales, es decir, cómo somos y por qué. Como veremos en los próximos capítulos, junto a las causas naturales, hereditarias e intrínsecas, coexisten otras de carácter social, cultural, político, económico y religioso, por citar algunas. Uno de los efectos de esa amalgama de elementos es, precisamente, nuestra condición esencial de seres humanos.

Por mi carácter autodidacta, los diferentes aspectos que se desarrollan se tratan, fundamentalmente, desde la experiencia empírica y la documentación bibliográfica. Confío en poder contribuir a una de las máximas aspiraciones del pensamiento filosófico, que se resume en una célebre frase atribuida a Sócrates: «Conócete a ti mismo».

Me ha parecido que no podíamos iniciar esta andadura sino desde el proceso de la génesis humana. Por este motivo, de manera sintética, en el primer capítulo se esbozan los elementos esenciales que configuran la genética humana en el marco del proceso evolutivo de los seres vivos.

El capítulo 2 se refiere a los factores de carácter social y cultural que, en un entorno determinado, pueden atentar contra nuestra naturaleza, especialmente si somos más aficionados a las distracciones que a la atención que debemos anteponer a cada una de las acciones de nuestra vida. Veremos que somos de naturaleza plástica, manejable y manipulable, y no sólo analizaremos por qué sino también para qué...

Los sentidos humanos se tratan en el capítulo 3, y se abunda a continuación en el sentido común. Por lo general, cuando se dice que una determinada opinión «es de sentido común», se trata de afirmar que es «lógica». Es decir, que es la consecuencia lógica de unos determinados condicionantes. En este capítulo se cita también la capacidad mental de dar sentido a todo aquello que, en general, opinamos que lo tiene.

En el capítulo 4 se abordan aspectos trascendentales. Conceptos como «voluntad», «libertad», «determinismo»... nos llevan a preguntarnos si los seres humanos, en esencia, se dirigen a sí mismos o si su conducta la determinan otras fuerzas. Parece que las libertades humanas se enfrentan a condicionantes de todo tipo, con una franca e indefensa dependencia, de modo que numerosos factores culturales, políticos, sociales y económicos determinan el pensamiento y la conducta, influyendo no sólo en lo que el ciudadano piensa sino también en lo que hace.

En el capítulo 5 se aborda la ética siguiendo una exposición lógica para mejor entender su carácter. Por ejemplo: una vez reconocidos los derechos de los que disfruta todo ciudadano, para que dichos derechos no sean considerados un don gratuito han de compensarse con deberes pertinentes; así, el debe y el haber no resultan una falacia mercantil. No olvidemos que lo más parecido a la verdadera libertad es aquella que ofrece la posibilidad y el derecho de cumplir con nuestros deberes; de todos, obviamente.

El capítulo 6 versa sobre el candente tema de la explosión demográfica, donde se denuncia y advierte del fatal peligro que amenaza a la población global, que se ha doblado en los últimos 42 años. La anarquía del crecimiento es una irresponsabilidad de todos, pero aún más de aquellos que podrían controlarlo. ¿Se percatarán los seres humanos de este fatal peligro o sucumbirán en la ignorancia? ¡Alerta a esta cuestión vital!

La infancia es el tema central del capítulo 7. Cualquier cambio profundo que surja en la cultura de la humanidad sólo puede ser el producto de una especial atención a la infancia. En este período de la existencia es cuando el ser humano se muestra más impresionable, y también más influenciable por lo que respecta a su personalidad y su inteligencia.

En el capítulo 8 se valoran los eventuales beneficios de institucionalizar y normalizar un modelo de «escuela del matrimonio» que permita obtener los mayores beneficios a quienes se aventuran a navegar en ese mar desconocido que es la vida conyugal.

Conceptos como «bien» y «mal», «agresividad» y «paz», se asocian y se contraponen en el capítulo 9, poniendo de manifiesto que los seres humanos están condenados a vivir y convivir con ellos. En concreto, la agresividad se aborda como un aspecto innato de la naturaleza humana, lo cual, junto con otros condicionantes socioculturales, dificulta sobremanera que las personas puedan relacionarse y comunicarse con sus semejantes tanto y tan bien como quisieran. En cualquier caso, los humanos también compartimos valores muy positivos: el amor, la bondad, la amistad, el compañerismo, la solidaridad, el altruismo...

Finalmente, el capítulo 10 trata el concepto de «culpa». Desde que Platón considerase el delito como producto de un error de juicio y una enfermedad del alma, cada vez son más los que con él han entendido que la acción correctora que merece el causante debe ser reformadora y curativa. Como bien sabemos, sólo podemos hacer lo correcto si las circunstancias condicionantes nos han capacitado para ello. La culpa, en realidad, siempre está al servicio de la acusación. Para que no fuera así, la acusación debería estar fundamentada en las causas principales de la conducta que se cuestiona.

I

LA GÉNESIS HUMANA

¿QUÉ es la condición humana? Ésta es una pregunta que muchos nos hacemos de una manera u otra en algún momento de nuestra vida. Este libro trata del proceso, el carácter y las etapas de la formación de la condición humana. El objetivo es definir cómo somos y por qué.

La primera fase de nuestra condición como seres humanos abarca desde que nuestros padres nos engendran y hasta el momento del nacimiento. Nos traen al mundo equipados con unas condiciones filogenéticas[1] que tienen su origen millones de años antes de que veamos la luz del sol por pri-

---

[1] La filogenia es la parte de la biología que se ocupa de la historia evolutiva de los seres vivos. Determina las semejanzas morfológicas, anatómicas, embriológicas… entre unos y otros, como indicativo de su distancia genética y, por tanto, evolutiva.

mera vez. En realidad, venimos encadenados de por vida a unas determinadas líneas evolutivas físicas y psíquicas, unas con características innatas, intuitivas e instintivas, y otras heredadas de nuestros más inmediatos progenitores a través de los genes y cromosomas presentes en las dos células o gametos que se unen para dar vida a un nuevo ser, el nuestro.

Nuestra condición connatural está establecida por la unidad biológica de las facultades inherentes del cuerpo y la mente; funciones y facultades filogenéticamente establecidas. Todo lo que somos es producto de la herencia directa de nuestros progenitores y propio de la naturaleza humana. Nuestro comportamiento desde el momento de nacer es innato e instintivo, mientras que a lo largo de la vida desarrollamos aspectos que poseen un profundo carácter cultural. Son el resultado de nuestro aprendizaje y se hallan determinados por el entorno natural, social, religioso, político, económico…

En nuestro desarrollo como personas, lo instintivo se manifiesta como un complejo entramado de actividades, acciones y reacciones que entran en juego de manera espontánea, comunes a todos los individuos de la misma especie y adaptadas a una finalidad, de la que el sujeto que las produce no suele tener consciencia. El instinto no es el resultado de la experiencia personal ni de la educación, y permite al individuo realizar una adaptación biológica sin necesidad de una reflexión consciente anticipatoria.

Al tratar la condición humana, hemos de referirnos a todo cuanto influye, establece y modifica la pretendida personalidad del «yo» inmaculado; su voluntad y su comportamiento consecuente. Nuestra condición no es inmutable, sino que es fácilmente mudable.

Sin cuestionar la sustancia de nuestra naturaleza, queremos evidenciar las circunstancias *alienantes* que influyen en el ser humano, es decir, que lo enajenan y esclavizan, privándolo de su libertad y haciéndole olvidar lo intrínseco de su condición. La opinión pública, por ejemplo, está profundamente influenciada por los medios de comunicación de masas, y de esta opinión pública se derivan, por lo general, unas conductas comunes: seguir las costumbres sociales, las tradiciones, los gustos planificados, los deseos previstos, las modas diseñadas, los deportes masificados… Todo ello es una muestra de cómo el ser humano es fácil presa de la distracción, el entretenimiento y la alienación.

Puede afirmarse que el ser humano está más expuesto a la alienación cuanto más servilmente sigue las iniciativas e ideas ajenas, es decir, cuanto más *gregario* es y cuando acepta sin cuestionar cualquier opinión o convención social.

La máxima de Sócrates «Conócete a ti mismo» sigue indicando la importancia de conocer las condiciones en que se desenvuelve el ser humano y sus características intelectuales y culturales. El conocimiento es el sustrato de nuestras opiniones y conductas, y determina su carácter cívico y ético. Sólo evitando la alienación y refugiándonos en la observación es posible disponer de elementos con los que hacer frente a todo cuanto atenta contra nosotros, bien sea solapada o descaradamente. En este punto, cabe preguntarse cómo la persona siente la necesidad de adquirir el conocimiento.

En la historia del pensamiento, hay filósofos que realizaron importantes aportaciones para la humanidad, pero que no fueron capaces de denunciar o romper con algunos convencionalismos

---

[2] *El contrato social,* Jean Jacques Rousseau, Editorial Mateu, Barcelona, 1965.

de su época. En *El contrato social,*[2] de Jean Jacques Rousseau (1712-1778), uno de los más significativos escritores del siglo XVIII, podemos leer:

«Así como un pastor es de naturaleza superior a la de su rebaño, igualmente los pastores de hombres, que son sus jefes, son de naturaleza superior a los pueblos que gobiernan. De esta forma razonada, de acuerdo con Filón, el emperador Calígula llegó por analogía a la conclusión de que los reyes eran dioses y los hombres bestias. El argumento de Calígula se equipara al de Hobbes y Grotio. Antes que ellos, Aristóteles había dicho también que los hombres no son de igual naturaleza, pues unos nacen para ser esclavos y otros para dominar».

Rousseau, en su lucha por defender la libertad y la igualdad, con su obra inspiró la Declaración de los Derechos del Hombre.

Contraviniendo el pensamiento de Aristóteles, las cosas y algunas opiniones han cambiado desde el año 322 antes de Cristo. Ahora sabemos que los seres humanos no modifican su naturaleza por ser más o menos libres o esclavos. En la actualidad, en el ancho mundo, aún existen personas esclavizadas y personas multimillonarias, y ambos tipos pertenecen al género humano. También hay criminales y hay personas de una conducta ética intachable, y en ambos casos se trata de seres humanos. Nuestra naturaleza no cambia al son de nuestra conducta. Volviendo a Sócrates, podemos afirmar con él que «nadie es malo voluntariamente, y todo mal deriva de tomar por ciencia la ignorancia».

El circo romano, de violencia sanguinaria y brutal criminalidad, ha sido superado, en el sentido de que ya no se cometen aquellas atrocidades, aunque ahora se cometen otras. Aún quedan imitaciones demasiado parecidas a aquellos espectáculos sangrientos: las corridas de toros, donde miles de personas disfrutan viendo martirizar a un animal que, finalmente, muere por la espada de la fiesta. Esto es aplaudido, como en otros tiempos lo fue la lucha a muerte de los gladiadores contra enfurecidas bestias o la de hombres entre sí. El boxeo o la lucha cuerpo a cuerpo también son un recuerdo vivo de aquellos duelos, un espectáculo que todavía se celebra y aplaude, aunque los protagonistas mueran o queden impedidos, muchas veces de por vida.

El proceso de identificación del ser humano

El hombre es un primate –el orden de mamíferos de superior organización que incluye a los seres humanos y a los monos–, perteneciente al género *Homo,* cuya forma actual es la especie *Homo sapiens.*

En la búsqueda del origen de la humanidad, podemos afirmar que ni el hombre desciende del mono, ni ellos de nosotros, aunque ambos poseemos un ancestro común.

El etólogo Klaus Thews refiere en su libro *Etología, la conducta animal, un modelo para el hombre:* «De sus 1.065 características anatómicas, los seres humanos comparten, según comprobó el antropólogo inglés sir Arthur Keith, entre otros numerosos científicos, 369 con el chimpancé, 117 con el gibón, 354 con el orangután, y con el gorila nada menos que 385. Sólo 312 de esas características son exclusivas del ser humano».

Respecto al proceso evolutivo que determinó la aparición del *Homo sapiens,* la hominización se produjo mediante una serie de cambios progresivos, sin grandes rupturas, y por los mismos mecanismos evolutivos que han determinado la evolución general de las especies.

La antropología evidencia que somos primos no muy lejanos de los «señores» monos.

Desde el punto de vista de la organización anatómica, sir Arthur Keith manifestaba que «el hombre presenta una clara semejanza y continuidad con los monos superiores. Nuestro esqueleto, sistema muscular, sistema nervioso, órganos sensoriales, sistema reproductor, etc., muestran una gran similitud con los de los antropoides. La semejanza se encuentra igualmente en el plano de la fisiología: identidad de reacciones serológicas, la misma propensión a determinadas enfermedades, etc. Desde el punto de vista psicológico y de comportamiento en grupo, puede hablarse también de una clara continuidad entre el hombre y los grandes monos».[3]

No obstante, podemos quedarnos tranquilos, están muy atrasados en relación con los seres humanos. Tanto que aún no han inventado el hacha de guerra y la escopeta de caza…

---

[3] *Etología: la conducta animal, un modelo para el hombre*, Klaus Thews, Círculo de Lectores, Barcelona, 1975.

En busca del origen de la humanidad

El antropólo alemán Markus Plessner, resume de este modo los orígenes de la humanidad que hoy conocemos:

«El hombre empezó a enseñorearse del planeta Tierra hace unos cien mil años, como resultado de un largo proceso evolutivo.

»El paso decisivo al estadio humano se produjo hace aproximadamente un millón de años, cuando los primeros seres humanos estaban ya dotados de aptitudes corporales y mentales similares a las del hombre y la mujer de nuestros días. Desde entonces, el *Homo sapiens* no ha sido la única especie del género *Homo* que evolucionó en el planeta. El hombre de Neandertal habitó antes del último período glacial y durante el mismo (desde hace 230.000 hasta 28.000 años atrás) amplias zonas de Europa, Asia occidental y el norte de África».[4]

---

[4] *El hombre, su cuerpo y su espíritu*, Markus Plessner, Círculo de Lectores, Barcelona, 1972.

Aunque los primeros humanos estuvieran dotados de aptitudes corporales y mentales similares a las de los humanos de nuestros días, es evidente que no conocían las mismas cosas que nosotros; en parte por su inexistencia, pero también porque los procesos del conocimiento son progresivos, y porque carecían de las técnicas de aprendizaje actuales. Es decir, en potencia tenían la misma capacidad que nosotros, pero carecían de la oportunidad de ejercerla.

Podemos decir que nuestros antecesores eran más humanos hace cien mil años que hace un millón. No ha habido un cambio esencial en el cuerpo humano desde la primera presencia en Europa del hombre «moderno» o *sapiens.* Es así porque somos el resultado de un largo proceso evolutivo, en el que seguimos inmersos…

Nuestros ancestros dieron forma a un mundo que nosotros, de algún modo, ya nos encontramos hecho.

Por lo que alcanzamos a saber, las primeras criaturas que pueden clasificarse como «homínidos», son los llamados antropoides de Java y del norte de China. Ambos homínidos mantenían una postura erecta, tallaban toscos implementos de piedra y poseían el don de la palabra. Vivieron hace varios cientos de miles de años y, aun entonces, es posible que representasen troncos evolutivos ya viejos.

Nuestros conocimientos acerca de los primeros seres humanos se basan esencialmente en tres clases de objetos: los restos humanos, es decir, huesos que por lo común nos llegan en un estado de conservación imperfecto; las tumbas y habitaciones humanas; y las herramientas, los instrumentos y los artefactos elaborados por el ser humano.

Naturalmente, ninguna persona razonable diría hoy en día que el hombre «desciende del mono», pero sí se reconoce que el hombre y el antropoide poseyeron un antepasado común, cuyos orígenes se remontan a más de tres millones de años.

La incorporación de estos conocimientos a nuestro acervo cultural es relativamente reciente. De hecho, la explicación sobre el origen y la evolución de las especies fue propuesta por el naturalista inglés Charles Darwin[5] (1809-1882) hace tan sólo 150 años. Aunque en la Grecia antigua el filósofo Empédocles (493-433 aC) había formu-

---

[5] *El origen de las especies,* Charles Darwin, publicado por primera vez en 1859.

lado una primitiva teoría donde las personas y los animales evolucionarían a partir de formas precedentes, su idea quedó aletargada hasta que Darwin pudo recoger las pruebas suficientes, contrastarlas con las de otros investigadores y sistematizar la información necesaria para elaborar lo que se conoce como Teoría de la evolución, que explica cómo las especies han evolucionado a lo largo del tiempo a partir de antepasados comunes a través de un proceso de selección natural. Hasta hoy, esta teoría se ha ido reinterpretando a la luz de los avances de diversas ciencias, especialmente de la genética, pero sigue siendo el fundamento para interpretar la naturaleza en la biología moderna.

El antropólogo inglés Alan Houghton Brodrick, manifiesta en su libro *El hombre prehistórico:* «Hay quienes afirman que la arqueología prehistórica y la antropología deberían formar parte de la base de toda educación. Estas disciplinas son un buen fundamento para combatir la xenofobia, algunos nacionalismos exacerbados, los provincialismos y otros prejuicios».[6] Como acostumbra a

---

[6] *El hombre prehistórico,* Alan Houghton Brodrick, Fondo de Cultura Económica, México, 1984.

suceder, el conocimiento de la realidad contribuye a evitar errores.

En cualquier caso, la evidencia de la realidad siempre aparece vinculada al proceso evolutivo del devenir histórico.

II

SOBRE EL PORQUÉ
DE LA CONDICIÓN HUMANA

LA complejidad biológica y psicológica del ser humano, tanto en su estructura como en su funcionamiento, es una consecuencia de su condición esencial: la plasticidad.

El conocimiento de la cantidad y diversidad de circunstancias que configuran al ser humano desde la infancia, vinculándolo a todo género de influencias, hacen de él un elemento plástico, manejable y manipulable.

Los condicionantes que parecen inevitables sólo son la cara de una moneda que también tiene una función positiva y creativa, ya que permite a las personas aprender y llevar a cabo todo aquello que el entorno natural, social y cultural pone a su alcance, como elementos fundamentales de su proceso de desarrollo individual.

Las circunstancias que pueden afectar a un colectivo de personas, aun suponiendo que sean las mismas, no producen en todos los individuos los mismos efectos, dada la diversidad de caracteres y temperamentos de cada uno, configurados en su momento por elementos distintos.

Conocer el porqué de cada comportamiento personal es algo que suele estar aparentemente oculto. El pensador Virosta escribió al respecto que «Ver lo que tenemos delante de las narices requiere una lucha constante». Para la mayoría de los seres humanos resulta evidente que nos comportamos como supuestamente queremos, como podemos o de un modo que no podemos evitar. Lo cierto es que no hay efecto sin causa. Todos los «cómo» tienen su «porqué».

Somos condicionables y condicionadores; y se nos puede condicionar para nuestro bien o para lo contrario. ¿Pero qué causas establecen la diversidad de comportamientos opuestos con los que nos enfrentamos en nuestra vida cotidiana?

Se ha dicho que no hay condiciones sin su correspondiente condicionante. La condición humana es el «cómo» del género humano. Todos los condicionantes genéticos y culturales nos han configurado, junto con elementos circunstanciales, en lo que somos. Estos condicionantes son el «porqué» de nuestro inevitable «cómo».

El denominado «yo» puede estar condicionado por una manipulación alienante y actuar en contra de sus propios intereses. La nuestra es una sociedad de «distraídos profesionales» en la que muchas de las cosas que nos afectan negativamente tienen su origen en el hábito de no preguntarse «¿por qué?».

La alienación humana es una de las manifestaciones más graves y generalizadas de manipulación social, ejercida por parte de una minoría sobre una mayoría de la sociedad. El alienado intelectual es aquel a quien han condicionado para practicarle un tipo de «lavado de cerebro» que da como resultado el embrutecimiento del mismo, atontándole hasta hacerle perder el uso de la razón, en mayor o menor medida. Las palabras alienación y enajenación son parcialmente sinónimos que pueden emplearse de forma distinta según el tema de que se trate.

Para abundar sobre esta cuestión, el idioma castellano contiene numerosas acepciones que hacen referencia e ilustran hasta qué punto se dan circunstancias condicionantes en nuestro entorno, que nos hacen manejables, manipulables e influenciables. Veamos algunos ejemplos de la riqueza del diccionario:

- *Acostumbrar:* hacer adquirir costumbre…
- *Adaptar:* acomodarse a las circunstancias.
- *Alucinar:* ofuscar, producir una sensación ilusoria, engañar.
- *Amoldar:* acomodar la conducta de alguno a una pauta determinada.
- *Arrobar:* embelesar.
- *Cautivar:* atraer, captar, seducir. Ejercer influencia en el ánimo. Por atractivo.
- *Condicionar:* hacer depender algo de una condición…
- *Depender:* estar subordinado a una persona o cosa.
- *Distraer:* divertir, desviar o apartar la atención de una persona de algo…
- *Dúctil:* maleable, acomodadizo, dócil, condescendiente.
- *Encantar:* captar la atención o enajenar el ánimo de uno por medio del talento.
- *Ignorancia invencible:* la que tiene uno de alguna cosa, por no alcanzar motivo o razón que le haga averiguar su existencia o exactitud.
- *Ignorancia supina:* la que procede de negligencia.
- *Manipular:* intervenir de forma poco escrupulosa en la política, la sociedad y el mercado.

— *Marginar:* dejar al margen, apartar la sociedad o un sector de ella a una o varias personas, evitando su trato, relación o compañía.

— *Mediatizar:* influir de modo decisivo en el poder, autoridad o negocio que otro ejerce.

— *Ofuscar:* trastornar el entendimiento, obscurecerlo o confundir las ideas.

— *Plasticidad:* dúctil, blando, que se deja modelar fácilmente.

— *Seducir:* persuadir al mal con engaños. Cautivar el ánimo con algún atractivo físico.

— *Sugestionar:* captar o dominar la voluntad de una persona.

— *Trabucar:* trastornar, invertir, volver lo de arriba abajo o lo de un lado a otro. Ofuscar, confundir el entendimiento. Trastocar o tergiversar el sentido de especies o noticias.

Sea cual sea la edad en la que nos encontremos, es conveniente descubrir y reconocer los porqués y las razones que nos han hecho como somos. A partir de ahí, es posible que podamos hacer algo por remozar o enmendar para mejorar nuestra condición, siempre susceptible de ello.

Incluso cabe suponer que si tenemos mayor conciencia de nuestra dependencia de los poderes alienantes que nos amenazan constantemente, podremos eludir mejor la distracción alienante. No es imposible que anden por ahí algunos *porqués* en busca de algún *cómo* distraído.

III

LOS SENTIDOS

Hay algunas palabras que tienen tan diversas aplicaciones en el lenguaje que, a menudo, se prestan a confusión. Una de ellas es la palabra «sentido», o su plural «sentidos». Veamos sino algunas de sus acepciones.

Los sentidos humanos

Al referirnos a la condición humana es inevitable hablar de los sentidos mediante los que vemos, oímos, gustamos, olemos y tocamos cualquier cosa.

Por «sentido» entendemos cada una de las funciones a través de las cuales recibimos la impresión de los objetos o elementos exteriores a nuestro cuerpo, mediante los órganos de relación: la vista, para las excitaciones luminosas; el oído, para las sonoras; el gusto, para los sabores; el olfato, para los olores; el tacto, para las sensaciones térmicas, dolorosas, presiones, etc.

A estos cinco sentidos hay que añadir el cenestésico, que permite la percepción del propio cuerpo, el cinestésico, que da cuenta del movimiento de las partes del cuerpo, y el sentido del equilibrio.

«Perder el sentido» no es otra cosa que dejar de percibir las impresiones que habitualmente nos permiten relacionarnos con nuestro entorno inmediato.

Los órganos de relación sirven para que nuestra mente pueda tener conciencia o conocimiento de las características del mundo en el que vivimos. Las opiniones que formamos sobre nuestro entorno son el resultado de la capacidad de percibir a través de los sentidos, y de la capacidad de nuestra mente para «dar sentido» a todo lo que parece que lo tiene.

Siguen vigentes las palabras atribuidas a Sócrates e inscritas en un frontispicio del oráculo de Delfos: «Conócete a ti mismo». Utilizar nuestros sentidos para conocernos más a nosotros mismos es ampliar los conocimientos sobre los seres humanos, género con el que hemos de convivir.

A vueltas con el sentido

La palabra «sentido» también la empleamos para referirnos al entendimiento o la razón que se utiliza para discernir o distinguir una cosa de otra, analizando su finalidad o razón de ser, o bien su significación, es decir, la manera como se ha de entender.

Otra acepción de la palabra se refiere a la capacidad de comprender o hacer una cosa de una manera particular, es decir, «dándole sentido», o haciéndola «con mucho sentido».

Cuando nos referimos a que alguien «es muy sentido», queremos decir que tiene una especial capacidad para actuar o sentir preocupación por las cosas.

Pero «sentido» también puede emplearse para indicar direccionalidad, como cuando transitamos en «sentido contrario»; o intencionalidad, cuando hacemos algo en buen o mal sentido, o abundando en un sentido determinado.

Sin olvidar la capacidad que el ser humano tiene para expresar y admitir lo humorístico, es decir, el «sentido del humor.

El sentido común

Como hemos visto, el idioma castellano utiliza profusamente y con distintos significados la palabra «sentido». Algo similar ocurre con lo que denominamos «sentido común». Aunque no está determinado en los órganos de los sentidos, el sentido común puede aplicarse a la función general de sentir.

Mediante este concepto también podemos referirnos al sentimiento o criterio que una mayoría de personas tienen respecto a una cosa, un acontecimiento, una experiencia…

Algunos pensadores también relacionan este concepto con una facultad intuitiva de captar unos aspectos o principios evidentes. La intuición es el conocimiento que se adquiere de un modo inmediato, mediante el contacto directo con las cosas. Otros filósofos lo relacionan con el racionalismo o con la supremacía e independencia de la razón humana.

Para el filósofo y científico francés René Descartes (1596-1650), se trataba de «aquel concepto que la inteligencia pura y despierta forma con tanta facilidad y distinción, que no nos queda ninguna duda acerca de lo que comprendemos». Para él se trataba, por tanto, de «lo indudable».

No obstante, por lo general, cuando se dice que una determinada opinión o actuación «es de sentido común», se trata de afirmar que se basa en la «lógica». Es decir, que tomando en consideración unos determinados condicionantes, sean objetivos o subjetivos, su consecuencia coherente es la opinión que se expresa o la actuación que se ejecuta.

Probablemente, esa manera de entenderlo es la que se ha generalizado, y su uso es habitual en el lenguaje cotidiano, hallándose sobre todo presente en los discursos que emiten los políticos a través de los medios de comunicación.

Sin embargo, si nos tomamos el interés de preguntar sobre su significado, descubriremos algún contrasentido. Algunos dirán que es «el más común de los sentidos», mientras que para otros es «el menos común». Como hemos visto a través de sus diferentes acepciones, ambas afirmaciones serían ciertas. Para unos porque se refiere al que no es de unos pocos, es decir, al común de muchos, al de la mayoría; mientras que para otros, ironizando sobre la escasa lógica con que actúa con frecuencia el ser humano, es poco común.

Cabe subrayar que nuestra sociedad no sólo nos obliga a compartir una cierta idiosincrasia personal y colectiva, sino que algunas personas parece que incluso se lo pasan muy bien inmersas en las actitudes comunes. En ciertos aspectos, hoy en día, un sentido común tiene muchos amigos y colaboradores, y cualquier viaje al mundo de las tradiciones es un ejemplo; como también lo son las modas, las tendencias, los gustos, los espectáculos deportivos, el consumismo y la afición por las rebajas, la televisión, procurar leer un libro al año y, si es posible, tener un buen coche para obstruir en común las carreteras, especialmente durante las vacaciones y los fines de semana.

Lo cierto es que los seres humanos nos hallamos en un proceso de unificación social y cultural. Las costumbres, las necesidades y las relaciones de todo tipo nos han hecho más semejantes e interdependientes, a escala local e internacional. Las migraciones masivas y el turismo han influido en la idiosincrasia personal, y al parecernos más los unos a los otros se configura una nueva idiosincrasia global.

Aunque la economía mundial lidera el fenómeno de la globalización, la cultura está experimentando una circunstancia similar: las costumbres, los idiomas, las actitudes... son elementos que se internacionalizan. Y la política no es ajena a este fenómeno, como muestran las complejas redes de alianzas que se entretejen entre los Estados. ¿Puede todo ello derivar en los Estados Unidos de la Tierra?

Todo parece indicar que conviene un gran cambio en relación con nuestra condición humana. El filósofo y sacerdote Jaime Balmes (1810-1848) decía en sus escritos que «sólo evolucionando se evitarían las revoluciones». Y ésta es una labor de todos: gobernantes y gobernados. Nuestra circunstancia es global y afecta a todos los ciudadanos del mundo.

Parece necesario poner en marcha un sentido común global, basado en la intuición o en el racionalismo, sin que ello suponga necesariamente que se incremente el carácter gregario del ser humano. Es decir, es posible que las sociedades sean más afines y homogéneas sin que cada individuo pierda su identidad y su capacidad para configurar ideas e iniciativas propias.

El sentido común que se configure hará que la opinión o el juicio que una mayoría de personas puedan expresar tiendan a ser cada vez más homogéneos, porque la opinión que por lo general tenemos de las cosas es la que tienen las personas semejantes, con un nivel cultural determinado. Pero también será más rico y ofrecerá mayores posibilidades a los que deseen y puedan disfrutarlo.

Merece la pena poner una especial atención en los medios de comunicación por su capacidad para expresar la opinión pública, pero también para modelarla…

En definitiva, tenemos deberes pendientes. Y no debemos olvidar que si *pasamos* de nuestros deberes –como hacemos en tantas ocasiones–, el futuro inmediato nos pasará su factura, como siempre ocurre y nos advierte el sentido común.

IV

LAS LIMITACIONES
DE LA LIBERTAD HUMANA

*Se habla mucho del «yo»,
pero en realidad, de todo lo que poseemos,
lo menos nuestro, es «nuestro yo».[1]*

LA libertad humana es un concepto discutible, como lo atestiguan los cuestionamientos que durante siglos han hecho sobre ella numerosos filósofos y científicos, abordándola desde las diferentes perspectivas que ofrecen las circunstancias sociales, culturales y políticas, y las características innatas que condicionan a todo ser humano.

La agresividad, un freno a la libertad

Hagamos constar que el primer obstáculo que se opone a la libertad humana es la agresividad. ¿Qué libertad podemos detentar frente al yugo de la agresividad? La voluntad aparece sujeta a la escla-

---

[1] *Algo de lo que aprendí en la vida*, Agustín Soler, Marge Books, Barcelona, 2006.

vitud de la agresividad y sólo ocasionalmente puede verse reducida por convenciones o convicciones culturales y sociales.

El psiquiatra Anthony Storr (1920-2001), autor del libro *La agresividad humana*,[2] afirmaba que «En realidad, resulta evidente que el hombre no habría alcanzado jamás su dominio presente, o siquiera sobrevivido como especie, de no poseer una amplia capacidad de agresión e inteligencia defensiva».

Si bien es cierto que esa agresividad innata y remota en el tiempo sirvió para hacer prevalecer a nuestra especie frente a otras, también lo es que desde hace milenios la misma agresividad enfrenta a unos seres humanos contra otros, con armas cada vez más letales, de modo que el instrumento que un día nos salvó nos puede hoy matar.

El mismo Storr seguía diciendo en su libro:

«Es una paradoja trágica que las mismas cualidades que han producido los extraordinarios éxitos del hombre, sean también las más idóneas para destruirle. Su despiadado impulso

---

[2] *La agresividad humana*, Anthony Storr, Alianza Editorial, 1968.

por dominar o destruir cualquier obstáculo aparente que se interponga en su camino no se detiene ante sus propios semejantes; y, puesto que ahora se halla en posesión de armas cuyo poder destructor no tiene paralelo, y le faltan también, al parecer, las defensas internas que impiden a algunos de los animales matar a otros de su misma especie, no es imposible que aún pueda producir la eliminación total del *Homo sapiens»*.

Digamos, pues, que los seres humanos tienen como principal enemigo a sus propios congéneres, muy bien armados por cierto; y también muy bien desarmados, en el sentido de que carecen de la facultad de inhibir la agresividad, de la cual muchos animales disfrutan. Se trata de una contradicción difícil de superar, ya que no es una lucha contra enemigos extraterrestres, aunque sí provengan de lejanas latitudes, con otras costumbres, idiomas y semblantes.

Resulta evidente que seguimos como en milenios pasados, enfrentados unos contra otros por las mismas sinrazones. Y mientras… ¿qué hemos hecho para convivir felizmente? Aunque los seres humanos hemos evolucionado en muchísimos aspectos culturales, científicos y técnicos, también hemos fabricado armas con capacidad para destruir varias veces la Tierra y sus habitantes, no hemos parado de guerrear y de mejorar los armamentos para matarnos mejor. ¡Ésa es la sapiencia humana!

¿Acaso no está claro dónde radica el problema? La mayoría de especies animales son agresivas por naturaleza, pero muchas de ellas han desarrollado la capacidad de inhibir esa agresividad y no se matan. Entre los mamíferos, los lobos, por ejemplo, toman conocimiento mutuo mediante el olfato. Los enfrentamientos jerárquicos no suelen pasar de las manifestaciones de intimidación en forma de amenazas y gruñidos. Cuando tiene lugar una lucha, lo habitual es que nadie resulte muerto. En cuanto el vencido adopta una postura de sometimiento queda protegido por la incapacidad del más fuerte, es decir, por la capacidad de inhibirse.

Según muestra la etología,[3] existen frenos a la agresión en el reino animal. Hay que tener en

____

[3] Del griego *ethos* («costumbre»), es una rama de la biología y de la psicología experimental. Los etólogos estudian el comportamiento de los animales y de los humanos, es decir, de su conducta e instinto, y el de las pautas relacionadas con las actividades innatas o aprendidas, como la agresividad, el apareamiento, la vida social, etc.

cuenta lo *civilizadas* que son numerosas especies animales y considerar si, en este sentido, en determinadas circunstancias son un modelo para los humanos. La cuestión es cómo lograr la capacidad de inhibir nuestra agresividad instintiva, permitiendo controlar y encauzar sus efectos.

Libertad, voluntad y determinismo

La libertad de los seres humanos no dejará de ser relativa, como consecuencia de nuestra naturaleza plástica y manejable; circunstancia que condiciona parcial o totalmente el ámbito de la libertad en la conducta humana.

Aunque algunas circunstancias nos impidan realizar aquello que desearíamos hacer, parece que alguna libertad tenemos, pues podemos decir sí o no a muchas cosas y muchas otras dependen de nuestra voluntad y decisión. Aunque esto pueda parecer un argumento a favor de la valiosa libertad, hay otros que lo cuestionan como gratuito e infundado.

La *voluntad* es la capacidad humana de obrar por algún motivo. Esta capacidad se traduce en la realización de alguna cosa que constituye un esfuerzo, una privación u obligación; es decir, implica a la vez la decisión y la ejecución. Si la libertad es una característica esencial de nuestra naturaleza, de la que somos conscientes, existen limitaciones externas de la libertad, referidas principalmente a la ejecución de las decisiones de las que también somos concientes. Más significativas parecen ser las limitaciones de las que el individuo no acostumbra a ser plenamente consciente: su personalidad, sus necesidades orgánicas, su temperamento y las influencias que ha recibido de su entorno. La libertad parece condicionada y ser dependiente de elementos ajenos a la voluntad, y en muchas ocasiones a la consciencia.

En cualquier caso, la voluntad de un sujeto también se enfrenta a la dificultad de ser influida significativamente por otra voluntad, de modo que, como consecuencia, quede dicho individuo sin voluntad propia. Es decir, la voluntad es susceptible de ser alienada.

En referencia a la conducta humana, en el lado opuesto de la libertad, el *determinismo* equivale a la necesidad rigurosa de una determinada conducta o actuación. Al explicar científicamente la conducta humana, ésta aparece determinada en mayor o menor grado. Por un lado, como resultado de las influencias del entorno y, por otro, a causa de su grado de pertenencia a un grupo social. Como explicación científica, en el determinismo todo hecho tiene una causa y, en igualdad de condiciones, si las causas son idénticas producirán sistemáticamente los mismos resultados, de lo que se desprende que los hechos están sujetos a leyes universales. Esta lógica permite a la psicología actual hacer pronósticos psicológicos y modificar los comportamientos de las personas.

Del mismo modo, si aplicamos el determinismo a un entorno social, podemos deducir que de unas estructuras y relaciones sociales determinadas se desprenderán unas pautas y limitaciones para la conducta del conjunto de sus individuos. De algún modo, el ser humano es social y culturalmente dependiente. Se encuentra vinculado no sólo a la cultura que pretende tener, sino «a la que lo tiene».

Libertad sin miedo

Erich Fromm (1900-1980), psicoanalista y filósofo humanista norteamericano de origen alemán, escribió en 1941 el libro *El miedo a la libertad*,[4] donde manifestaba:

«… la libertad de palabra es la última de las etapas en la victoriosa marcha de la libertad. Y, sin embargo, olvidamos que, aun cuando ese derecho constituye una victoria importante en la batalla librada en contra de las viejas cadenas, el hombre moderno se halla en una posición en la que mucho de lo que él piensa y dice no es otra cosa que lo que todo el mundo igualmente piensa y dice; olvidamos que no ha adquirido la capacidad de pensar de una manera original –es decir, por sí mismo–, capacidad que es lo único capaz de otorgar algún significado a su pretensión de que nadie interfiera con la expresión de sus pensamientos. Aún más, nos sentimos orgullosos de que el hombre, en el desarrollo de su vida, se haya liberado de las trabas de las autoridades externas que le indicaban lo que debía hacer o dejar de hacer, olvidando

---

[4] *El miedo a la libertad,* Erich Fromm, Editorial Paidós, Buenos Aires, 1971.

de ese modo la importancia de autoridades anónimas, como la… "opinión pública" y el "sentido común", tan poderosas a causa de nuestra disposición a ajustarnos a los requerimientos de todo el mundo, y de nuestro no menos profundo terror de parecer distintos de los demás».

Ciertamente, los seres humanos nos hemos liberado de algunas viejas cadenas de la esclavitud clásica. Ya no existen —salvo criminales excepciones— amos de cientos o miles de esclavos sujetos al látigo; esclavos que sabían que eran esclavos y que en tantas ocasiones lucharon y murieron por su liberación. Aquella forma de opresión ha sido sustituida por otra; ahora, la técnica de producir esclavos se ha perfeccionado tanto que los esclavos ignoran que lo son. Ahora uno de los amos anónimos que nos esclavizan se llama —como decía Erich Fromm— «opinión pública», consecuencia de los medios de comunicación de masas que tienden a uniformarnos y alienarnos.

Respecto a la adaptabilidad de nuestra mente al entorno cultural, el psicólogo José Luis Pinillos, para quien «la mente humana era inseparable de la evolución de la cultura», escribió en su libro *La mente humana:*[5]

«… los razonamientos primitivos resultan prelógicos para quienes los enjuician desde un nivel cultural como el nuestro; pero son bastante lógicos si se consideran desde la situación cultural en que se ejercen. De hecho, si a unos niños de nuestro mundo se les situara desde los primeros meses de la vida en una comunidad primitiva, acabarían por razonar de una manera muy semejante a la descrita y, al revés, un niño primitivo incorporado desde el comienzo de su vida a nuestra civilización acabaría por razonar como cualquiera de nosotros.

»Lo que se deduce, pues, de todo esto es que la mente y su nivel constituyen el resultado de una larga evolución, biológica primero y cultural después. Esta cuestión de la evolución mental de las especies remite, por tanto, inexorablemente a otra: al problema de la evolución de la cultura. La mente humana no puede expli-

---

[5] *La mente humana,* José Luis Pinillos, Salvat Editores, SL, Barcelona, 1986.

carse sólo a partir de unos principios anímicos y unas facultades que despliegan sus potencialidades en abstracto; ha de explicarse también como resultado de una interacción social y de la participación de cada individuo en la evolución de una cultura que es transpersonal.

»[...] Todo esto debe ponernos muy en guardia frente a la extendida creencia de que la mente humana opera con entera libertad desde sí misma, al margen de todo condicionamiento corporal. Nuestra libertad, sea la que sea, se da en un psiquismo sobre el que pesa sin duda el *fatum* del cuerpo. Por ello, la libertad no puede consistir nunca en cerrar los ojos a los condicionamientos de la biología y de la historia, sino en trascenderlos; para lo cual justamente hay que empezar por reconocerlos. La peor de las esclavitudes es la que se desconoce a sí misma».

Aunque podría afirmarse que el género humano es el autor del orden social en el que vivimos, en la misma obra, José Luis Pinillos manifiesta:

«... Más que un reflejo de la naturaleza humana, la sociedad puede llegar a ser una suerte de gigantesca prensa que implacablemente configure o desfigure, según los casos, a sus propios creadores.

»[…] ha sido siempre la sociedad la que ha implantado en la conciencia de sus miembros los valores, las ideas, el lenguaje y, en definitiva, la cultura con que se amasa eso que algunos antropólogos han llamado la personalidad básica del individuo. Posiblemente, esos condicionamientos se conocen hoy mejor que nunca y, por tanto, dan la impresión de ser mayores. También es probable que los resortes del Estado y las instituciones actuales para regular la conducta humana sean, como decimos, superiores a los de otras épocas.

»Como ejemplo de esos condicionamientos alienantes que alejan al hombre de sí mismo y le impiden gobernar su propio destino, hemos de mencionar ante todo la falta de cultura. La superstición, el autoritarismo y los prejuicios son, entre otras muchas cosas, consecuencia bastante directa de la incultura.

»[…] en el teatro de la vida, cada uno representa unos papeles de los que es actor, más que autor. Ya se sabe que el militar feroz, que atemoriza a sus subordinados del cuartel puede actuar en casa como un padre de familia cariñoso y ser un esposo muy sumiso. Eso, repetimos, ya es sabido, y no en vano la palabra "persona" significa originariamente la "máscara" que se ajustan al rostro los actores para simbolizar su puesta en situación, esto es, para acomodarse al papel que les tocará desarrollar en la función».

Para acabar este apartado, quiero referirme a una revolucionaria y articulista francesa, Marie-Jeanne Roland de la Platiere (1754-1793), que murió en la guillotina, durante un período en el que se asesinó a muchos presuntos enemigos de la revolución francesa. Al subir al cadalso, se inclinó ante la estatua de la Libertad ubicada en la plaza de la Revolución de París y exclamó: «¡Oh, Libertad, cuántos crímenes se cometen en tu nombre!». La igualdad y la fraternidad que aquella revolución proclamó no eran sino frutos vitales de una libertad que Marie-Jeanne Roland había contribuido a instaurar como un derecho fundamental de todos los ciudadanos.

En coherencia con la relación de causa y efecto de nuestras actuaciones, quizá ya es hora de que nuestros derechos también tengan como fundamento nuestros deberes.

V

LA ÉTICA

LA ética es la parte de la filosofía que trata de la valoración moral de los actos que los seres humanos llevamos a cabo. Por tanto, hemos de relacionarla con el conjunto de principios, normas morales, costumbres, formas de vida y disposiciones que utilizamos para regular las actividades humanas, así como el carácter, la conducta o el modo de ser de las personas.

La ética, pues, busca establecer qué es lo moral, el modo en que se estructura y razona un sistema moral, y su aplicación en los ámbitos personales y sociales, públicos y privados.

La palabra ética proviene de la griega *êthos*,[1] que significa «carácter», y fue en Grecia donde Aristó-

---

[1] *Êtos,* «carácter», es diferente de *ethos,* «costumbre». Véase nota 3 del capítulo IV.

teles (384-322 aC) concibió los principios de la ética, afirmando que «el objetivo supremo del ser humano es vivir bien y ser feliz», en el equilibrio entre virtud, sabiduría y bienes exteriores, lo cual se puede alcanzar si se actúa correctamente. Para el filósofo, sólo son morales las actuaciones donde se puede elegir y decidir qué hacer o no hacer, es decir, las que dependen de la voluntad. No merecerían, pues, valoración moral las acciones que fueran impuestas, padecidas o forzadas.

Aristóteles vincula la virtud con la capacidad y la aptitud para comportarse de un modo determinado. Lo manifiesta así en su obra *Ética a Nicómaco:*

«No basta que la acción tenga un carácter determinado para que la conducta sea justa o buena; es preciso también que el hombre actúe de un modo determinado ante todo, que actúe a sabiendas; en segundo lugar, que proceda en razón de una decisión consciente y que prefiera esa acción por sí misma; finalmente, que actúe desde una posición firme e inquebrantable».

De este modo, la virtud se alcanzaría mediante la experiencia, es decir, que ni la predisposición natural ni la enseñanza son suficientes para que una persona adquiera el sentido y el valor de la justicia.

En la Edad Media, san Agustín de Hipona y santo Tomás de Aquino fueron dos filósofos que adaptaron los conceptos clásicos relacionados con la felicidad a la doctrina cristiana, anteponiendo la caridad como objetivo último para alcanzarla.

En la Edad Moderna, fue el filósofo alemán Immanuel Kant (1724-1804) quien revolucionó la concepción de la ética al rechazar la fundamentación de ésta en otra cosa que no sea el imperativo moral mismo:

«Cuando la ley moral se convierte en el fundamento de nuestras acciones, surge en nosotros la conciencia del deber».

El *deber* es, pues, el concepto básico en los textos de Kant que tratan sobre la ética:

«Es muy hermoso hacer el bien a los hombres por amor a ellos y por buena voluntad, pero los únicos nombres que debemos dar a nuestra relación con la ley moral son "deber" y "obligación"».

Para Kant existen dos tipos de imperativos: los condicionales o hipotéticos están restringidos por una condición y suponen un fin que hay que conseguir: «He de hacer el bien para alcanzar la felicidad»; por el contrario, el imperativo de la moralidad, el «imperativo categórico», es incondicional, absoluto e universal y puede expresarse mediante tres formulaciones:

1. «Obra sólo de forma que puedas desear que la máxima de tu acción se convierta en una ley universal».
2. «Obra de tal modo que uses la humanidad, tanto en tu persona como en la de cualquier otro, siempre como un fin, y nunca sólo como un medio».
3. «Obra como si por medio de tus máximas, fueras siempre un miembro legislador en un reino universal de los fines».

En relación con los orígenes de la ética, el filósofo australiano Peter Singer, en su libro *Compendio de ética*,[2] reflexiona argumentando que dicho in-

______

[2] *Compendio de ética,* Peter Singer, Alianza Editorial, SA, 1995.

terrogante vincula un hecho histórico y una cuestión de autoridad, y que ambos han influido en la configuración de la mitología tradicional sobre el origen del universo. «Estos mitos –afirma Singer– describen no sólo cómo comenzó la vida humana, sino también por qué es tan dura, tan penosa, tan confusa y cargada de conflictos. Los enfrentamientos y las catástrofes primitivas que éstos narran tienen por objeto quizás, por objeto principal, explicar por qué los seres humanos han de someterse a normas que pueden frustrar sus deseos.»

Son numerosos los filósofos que han intentado dar respuesta a estas inquietudes, en gran medida porque en cualquier sociedad las obligaciones y los derechos entran en conflicto y es necesario encontrar principios profundos y generales, una razón de la moralidad, que permitan arbitrarlos con un carácter amplio.

Para responder a esta cuestión, Singer propone:

«… es preciso imaginarse cómo habría sido la vida sin normas, e inevitablemente esto suscita interrogantes acerca del origen. La gente tiende a mirar hacia atrás, preguntándose si existió en alguna ocasión un estado "inocente" y libre de conflictos donde no se necesitaban normas, quizás porque nadie quiso nunca hacer nada malo. Y entonces se preguntan: "¿cómo llegamos a perder esta condición pre-ética?; ¿podemos volver a ella?". En nuestra propia cultura, dos respuestas radicales a estas cuestiones han encontrado una amplia aceptación. La primera –que procede principalmente de los griegos y de Hobbes– explica la ética como un mecanismo de la prudencia egoísta; su mito de origen es el contrato social. Para esta concepción, el estado pre-ético es un estado de soledad y la catástrofe primitiva tuvo lugar cuando las personas comenzaron a reunirse. Tan pronto se reunieron, el conflicto fue inevitable y el estado de naturaleza fue entonces, según expresa Hobbes, "una guerra de todos contra todos". […] La otra explicación, la cristiana, explica la moralidad como nuestro intento necesario por sintonizar nuestra naturaleza imperfecta con la voluntad de Dios. Su mito de origen es la caída del hombre, que ha generado esa imperfección de nuestra naturaleza, del modo descrito –una vez más simbólicamente– en el libro del Génesis.

»En un mundo confuso, siempre se acepta de buen grado la simplicidad, por lo cual no resulta sorprendente la popularidad de estos dos relatos. Pero en realidad los relatos sencillos no pueden explicar hechos complejos, y ya ha quedado claro que ninguna de estas dos ambiciosas fórmulas puede responder a nuestros interrogantes. El relato cristiano, en vez de resolver el problema lo desplaza, pues aún tenemos que saber por qué hemos de obedecer a Dios. Por supuesto, la doctrina ha dicho mucho sobre esto, pero lo que ha dicho es complejo y no puede mantener su atractiva simplicidad tan pronto como se plantea la cuestión relativa a la autoridad. [...] ¿Cómo puede depender la ética de la religión? Lo importante es que esta respuesta cristiana no deduce de forma ingenua nuestra obligación de obedecer a Dios de su posición como ser omnipotente que nos ha creado –una deducción que no le confería autoridad moral–. Si nos hubiese creado un ser malo para malos fines, no pensaríamos que tenemos el deber de obedecer a ese ser, dictase lo que dictase la prudencia. La idea de Dios no es simplemente la idea de un ser semejante, sino que cristaliza toda una masa de ideales y normas muy complejas subyacentes a las normas morales y que le dan su significado. Pero precisamente nos interrogamos por la autoridad de estos ideales y normas, con lo que la cuestión sigue abierta».

Más adelante, Singer sugiere que la ética pudo surgir de un contrato basado en la prudencia egoísta:

«Puede ser que una sociedad de egoístas prudentes perfectamente congruentes, si existió alguna vez, inventase las instituciones de aseguramiento recíproco muy parecidas a muchas de las que encontramos en las sociedades humanas reales. Y sin duda, es verdad que estos egoístas cuidadosos evitarían muchas de las atrocidades que cometen los seres humanos reales, porque la imprudencia e insensatez humanas aumentan constantemente y de forma considerable los malos efectos de nuestros vicios.

Sin embargo, para Singer, la moralidad no sólo puede derivar de un «autointerés calculador», por lo que argumenta dos razones que parecen convincentes:

»La primera se basa en un defecto obvio del ser humano. Las personas no son tan prudentes ni congruentes como implicaría esta narración. Incluso la misma moderada dosis de conducta deliberadamente decente que encontramos en la vida humana no sería posible si se basase exclusivamente en estos rasgos.

»La segunda es una gama bien conocida de buenas cualidades humanas. Es obvio que las personas que se esfuerzan por comportarse de un modo decente a menudo están animadas por una serie de motivos bastante diferentes, directamente derivados de la consideración de las exigencias de los demás. Actúan a partir del sentido de la justicia, por amistad, lealtad, compasión, gratitud, generosidad, simpatía, afecto familiar, etc. –unas cualidades que se reconocen y honran en la mayoría las sociedades humanas–. En ocasiones, los teóricos del egoísmo como Hobbes explican esto diciendo que estos supuestos no son reales, sino sólo nombres vacíos. Pero es difícil comprender cómo pudieron haberse inventado estos nombres, y ganar curso, por motivos inexistentes. Y aún resulta más intrigante cómo pudo haber pretendido alguien conseguir sentirse animado por ellos.

»[...] ¿Cómo llegó una sociedad original de egoístas a cargarse de normas que exigen la consideración de los demás?».

A mi entender, los grandes avances que podemos observar en la comprensión de un concepto complejo como es la ética, son la expresión de un problema ancestral de los seres humanos: la *ignorancia sobre sí mismos*. Si conducir un vehículo sin saber cómo funciona y sin haber aprendido a manejarlo puede resultar un acto suicida, ¿qué le puede pasar a una persona, desconocedora de sí misma? Pues eso..., lo que nos pasa a los seres humanos. El filósofo español José Ortega y Gasset (1883-1955) fue muy oportuno al manifestar: «Lo que nos pasa es que no sabemos lo que nos pasa». Con certeza, sería un gran acierto personal descubrir cómo somos y el porqué, pero no se pretende en estas páginas averiguar la totalidad de nuestra ignorancia.

Una vez expresada la relación entre *ética* y *deber*, cabe reflexionar sobre la posibilidad de que conforme progrese la inteligencia de los pueblos, llegue el día en que éstos exijan la *Carta de la Declaración de los Deberes Humanos*, como justo equilibrio de la Carta de la Declaración de los Derechos Humanos, proclamada en 1948 por la Asamblea de las Naciones Unidas. «¿Aún más deberes?», se preguntarán algunos. Pues sí, todos los necesarios para que gobernantes y gobernados cumplan con sus respectivos deberes. De lo contrario, un contrato público o privado que prometa muchos derechos a cambio de nada, ¡es una falacia!, es decir, un engaño.

De llegar a conseguirse, este nuevo tratado equilibraría el debe con el haber, es decir, la relación de los derechos con los deberes.

Para los que aspiramos a la felicidad gozando de una libertad plena, me atrevo a sugerir un breve texto que incluí en el libro de aforismos *Algo de lo que aprendí en la vida*:[3]

«Lo más parecido a la verdadera libertad, es aquella que nos ofrece la posibilidad y el derecho de cumplir con nuestros deberes».

---

[3] *Algo de lo que aprendí en la vida*, Agustín Soler, Marge Books, Barcelona, 2006.

VI

LA EXPLOSIÓN DEMOGRÁFICA, UN PROBLEMA ECOLÓGICO

L^A explosión demográfica experimentada en nuestro planeta en los últimos siglos y, sobre todo, en las últimas décadas ha sido tratada por numerosos investigadores y organismos internacionales. De sus estudios concluyen con apremiantes avisos del candente peligro que supone el incremento sin límites de la población mundial.

Fue el economista inglés Thomas Robert Malthus (1766-1834) quien en 1798 publicó, de manera anónima, la primera edición de su *Ensayo sobre el principio de la población*.

En su libro, Malthus, que está considerado el padre de la demografía, afirmaba que:

«Mientras la población aumenta en progresión geométrica, el incremento de la producción de alimentos se efectúa sólo en progresión aritmética. Si bien es cierto que los rendimientos agrícolas pueden aumentarse constantemente mediante la mejora de las técnicas, llegará un momento en que, debido a la ley de los rendimientos decrecientes, el incremento de los productos obtenidos no será tan sólo mucho menor que el incremento de gastos necesarios para obtenerlos, sino que además será insuficiente, y esto es lo más grave, para cubrir las necesidades de la población. En consecuencia, el crecimiento de la población halla su límite en la cantidad de medios de sustento disponibles, por lo que no basta sólo con fomentar la agricultura, sino que también es necesaria la limitación de la natalidad, por medio de la continencia o abstención o retraso del matrimonio, a no ser que el aumento de la mortalidad (hambre, guerras, plagas, enfermedades...) reduzca el ritmo de crecimiento».

La teoría que Malthus formulaba sobre la población concluía de manera extremadamente pesimista. Su llamada de atención despertó tal interés que su libro se reeditó en seis ocasiones antes de 1826. En esas ediciones posteriores argumentó que sus tesis se impondrían con independencia de la organización social y económica a la que estuviera sujeta la población, por lo que las clases más desfavorecidas no tendrían suficiente con mejorar sus condiciones de vida y su acceso a la propiedad de los medios de producción, sino que debía asumirse la autolimitación de su número de manera voluntaria.

Algunos autores «premalthusianos» ya habían efectuado algunos análisis sobre el peligro que representa el exceso de población: G. Botero, en 1589; A. Genovesi, en 1765; y F. Townsend, en 1786, entre otros.

Es posible que estos precursores vieran con buenos ojos la utilidad que los métodos anticonceptivos pueden tener hoy en día para frenar el exceso de población mundial.

Sin embargo, a pesar de las investigaciones demográficas y sociológicas, la mayor parte de la población mundial parece no haberse enterado de su responsabilidad ante el peligro.

Otros autores, como Paul R. Ehrlich, entomólogo, y su esposa Anne H. Ehrlich, bióloga, alertaron en la segunda mitad del pasado siglo XX sobre la carrera desenfrenada por aportar nuevas vidas humanas y de las víctimas que este hecho ocasiona. No podemos dejar de asustarnos de lo que promete el futuro, si no se pone remedio.

Paul y Anne manifestaban en su libro *La explosión demográfica: el principal problema ecológico:*[1]

«En 1968, *The Population Bomb* [La bomba de la población] advertía sobre un inminente desastre si no se conseguía controlar la explosión demográfica. Entonces, la mecha estaba encendida; ahora, la bomba demográfica ha estallado. Desde 1968, más de 200 millones de personas –en su mayoría niños– han muerto innecesariamente a causa del hambre y de las enfermedades relacionadas con el hambre, a pesar de unos "programas de choque destinados a 'estirar' la capacidad de carga de la tierra aumentando la producción alimentaria". El problema demográfico ya no es una amenaza que se cierne sobre el futuro, como cuando se escribió *The Population Bomb* y sólo existían 3.500 millones de seres humanos.

»En la actualidad, la población humana consta de 5.500 millones de habitantes y continúa aumentando. Durante los seis segundos

---

[1] *La explosión demográfica: el principal problema ecológico,* Paul R. y Anne H. Ehrlich, Salvat, Barcelona, 1993.

que usted empleará en leer este párrafo, nacerán otras dieciocho personas. Cada hora hay 11.000 bocas más que alimentar, cada año, cerca de 95 millones más. El mundo, sin embargo, dispone de centenares de miles de millones de hectáreas menos de suelo y de centenares de billones de litros de agua subterránea menos que en 1968 para cultivar alimentos. [...]

»La causa principal de los problemas que afligen a nuestro planeta no es otra que la superpoblación y su impacto en los ecosistemas y las comunidades humanas. [...]

»A principios de 1930, la población mundial se componía *tan sólo* de 2.000 millones de habitantes; en la actualidad, esta cifra se ha multiplicado más de dos veces y media y sigue aumentando de manera exponencial. En Estados Unidos, donde la población aumenta mucho más que el promedio del mundo, en sólo seis décadas el número de habitantes se ha doblado con creces, pasando de 120 millones en 1928 a 250 millones en 1990. Esta enorme expansión demográfica registrada en dos o tres generaciones puede explicar por sí sola multitud de cambios en las instituciones sociales y económicas de una sociedad. [...]

»Una de las cosas más difíciles de conciliar para un biólogo estudioso de la población es el contraste entre su propio conocimiento de que a la civilización le acecha un peligro serio e inminente y el escaso nivel de preocupación que los asuntos demográficos suscitan en la gente e incluso en la clase política.

»Muchas de las razones de tal discrepancia obedecen, en gran medida, a la lenta evolución de este problema. La gente no siente temor porque ha evolucionado biológica y culturalmente para reaccionar ante los fogonazos a corto plazo y adaptarse a las «tendencias» a largo plazo sobre las que no ejerce ningún control. Sólo cuando observamos que se sale de la normalidad –como cuando centramos nuestra atención en lo que parecen ser cambios graduales y casi imperceptibles–, captamos las señales de alarma de nuestra comprometida situación con la suficiente claridad como para atemorizarnos».

Paul R. y Anne H. Ehrlich manifestaban que la población mundial se duplicaría en treinta y nueve años, siguiendo la tendencia anterior, cuando se había duplicado en treinta y siete años, desde 1950 a 1987. Lamentablemente, las cosas no pintan bien. Desde 1993 a 2010, en diecisiete años, la población global se ha incrementado en 1.500 millones de habitantes, hasta alcanzar los 7.000 millones actuales.

Según algunos demógrafos, nos hallamos en medio de la explosión de la bomba demográfica y este crecimiento no cambiará de signo antes de que la población haya alcanzado los 10.000 millones de habitantes, de acuerdo con las tendencias observadas en el último siglo en los países industrializados.

En mi opinión, a todos afecta el explosivo crecimiento de la población humana, a nosotros, a nuestros hijos y nuestros nietos, y todos podemos hacer algo para parar esa carrera hacia el suicidio global. La ignorancia sobre los efectos de no limitar el número de hijos que se traen al mundo es, sin duda, la causa del mayor desastre ecológico de la historia de la humanidad. Porque nuestro planeta no tiene la capacidad de soportar la presión que la humanidad ejerce sobre sus ecosistemas.

Si la mayoría de las personas no toman una posición radical ante este problema, es porque ignoran el peligro letal al que se enfrentan. Es evidente que si la gran mayoría de progenitores potenciales fueran conscientes de su responsabilidad actuarían con otro criterio al decidir sobre su paternidad y maternidad.

La información es una valiosa herramienta para hacer frente al problema. Pero habría que empezar por informar de ello cada día en todos los medios de comunicación de masas, sobre todo a través de la televisión. Ésta es un «miembro» más de la familia en millones de hogares de todo el mundo, un miembro que emite noticias deportivas desde los primeros a los últimos telediarios del día, con el añadido de programas especiales y exclusivos, etc. Un instrumento que, utilizado de forma adecuada, resultaría altamente eficaz para concienciar sobre el futuro y también sobre un presente menos distraído.

¿Por qué razón, pues, no se informa del peligro de la explosión demográfica? ¿Será que el desconocimiento de un peligro no preocupa ni asusta a nadie? Los líderes políticos que tienen la capacidad y el poder para plantear las cuestiones que afectan a todo el planeta, ¿cómo pueden ignorar una cuestión tan candente? ¿Será que representan los intereses de aquellos que sacan provecho de la superpoblación mundial? Sólo en la República Popular China existe la *prohibición* de tener más de un descendiente por pareja. Los chinos han sufrido en sus propias carnes la explosión demográfica nacional y hace años que decidieron poner remedio.

Observemos cuál ha sido la evolución de la población mundial en los últimos 360 años:

Año	*Millones de habitantes*
1650	500
1850	1.000
1930	2.000
1968	3.500
1993	5.500
2010	7.000

Parece evidente, según los datos apuntados, que si la próxima duplicación de la población mundial se produce en los próximos cuarenta años, pasaremos de los 7.000 millones actuales a 14.000 millones. Si esa densidad de población fuera posible, los habitáculos de ciudades y pueblos tendrían que doblarse, y habría que multiplicar los recursos para atender a una población mundial en la que ya hoy más de un tercio de ella vive por debajo del umbral de la pobreza.

Así que, o nos lo tomamos muy en serio o nuestros hijos y nietos no podrán pagar una factura tan elevada.

En virtud de que la condición humana no es estática e inmutable, puede pensarse que un acuerdo político a escala global para hacer frente a la explosión demográfica podría influir sobre la población al objeto de superar una catástrofe fatal.

La ciudadanía mundial sólo necesita una información veraz y desalienante para modificar sus criterios y su actitud ante el peligro que representa la superpoblación. Seguro que respondería *mutatis mutandis* (cambiando lo que se puede y se debe cambiar).

VII

LA INFANCIA

A L tratar sobre la condición humana, se hace imprescindible dedicar una especial atención al primer período de la vida de todo ser humano: la infancia. Un espacio de la existencia sobre el que la persona adulta apenas conserva recuerdos y del que en realidad se sabe muy poco. Por suerte, desde las primeras décadas del pasado siglo XX es un área de interés e investigación entre numerosos científicos.

Es necesario que los procreadores que dan la vida a un ser humano valoren en profundidad lo que este hecho representa, y consideren que, ya desde la cuna, la calidad de vida del nuevo ser dependerá de ellos en su mayor parte, pues establecerán un vínculo que generalmente perdura toda la vida.

Lo que padres y madres hagan en relación con los hijos e hijas, si es lo correcto, lo que obedece, en todos los sentidos de la vivencia y convivencia, su descendencia lo celebrará con un comportamiento consecuente. Lamentablemente, demasiadas veces no es así, y digamos que no es por mala fe, sino por falta de recursos y por ignorancia.

Una de las primeras atenciones hacia un recién nacido es su alimentación. Como hemos comentado en anteriores capítulos, los seres humanos poseen condicionantes innatos que se han desarrollado a través de un largo proceso evolutivo y que son sumamente útiles para su supervivencia. Para obtener una alimentación que sustituya a la que recibía sin esfuerzo a través de la placenta de la madre, el recién nacido está condicionado de manera innata a buscar el pecho de ésta, que encontrará por poco que ella le ayude. Ése es el mejor alimento que un bebé puede recibir, tanto por la calidad de la leche materna, porque ésta reúne todos los elementos que el recién nacido necesita para un desarrollo físico saludable, como por el vínculo afectivo y psicológico que ambos establecen en ese momento de intimidad, y que confortará y ayudará al bebé en su transición hacia una alimentación más autónoma. Negar el pecho a un hijo o una hija es una de las primeras frustraciones que se le puede causar, al tratarse de una necesidad innata.

Un lactante abrazado al pecho materno es un símbolo universal de seguridad, de amor y de íntima vinculación con la madre. La rudeza de los primeros rigores de la existencia, tras abandonar el nido materno, parece que sólo puede equilibrarse a través de un estrecho contacto con la piel de la madre desnuda. Los cuidados y el amor maternal que los seres humanos recibimos en las primeras semanas de nuestra vida fijan lo que será nuestra personalidad posterior. Sin embargo, la lactancia materna no siempre es posible. Cuando ello sucede, la alternativa de una lactancia artificial, aunque sirve para atender las necesidades alimenticias del bebé y es una oportunidad de implicar más al padre en el cuidado del nuevo ser que él también ha creado, nunca puede substituir en su plenitud al pecho materno.

Por otro lado, para asegurar el desarrollo saludable en las primeras etapas de la existencia, la ciencia brinda el apoyo de especialistas en pediatría, que velan por el desarrollo y la salud del recién nacido hasta que alcanza la adolescencia.

La educación del menor

El filósofo griego Pitágoras, en el siglo VI antes de Cristo, afirmaba: «Educad a los niños y no será necesario castigar a los hombres». De modo que el aviso viene de lejos, nada menos que de 27 siglos atrás. Estas palabras merecen inscribirse en el frontispicio de algunas escuelas y en el pensamiento de los padres y las madres motivados por la educación de los seres que han creado.

Otro gran precursor, Sigmund Freud (1856-1939), el médico y neurólogo austriaco creador del psicoanálisis, manifestaba que: «El hombre es moldeado por los instintos primarios y por las experiencias de la primera infancia». Esta concepción, que sigue siendo una piedra basal de la psicología, expresa la manera en que el cerebro humano actúa como un molde de cera virgen con capacidad para recibir impresiones mediante miles de millones de células nerviosas (neuronas) unidas a través de una red de interruptores electroquímicos (sinapsis). En las neuronas se elaboran y acumulan las impresiones recibidas desde los órganos sensoriales, que captan las experiencias de la vida de cada uno y que condicionan, finalmente, la conducta.

A pesar de que tenemos ese conocimiento básico sobre el cerebro humano, sabemos muy poco acerca de cómo funciona nuestra mente y, especialmente, del modo en que se configura en el primer y segundo año de vida de un bebé. El llanto de un pequeño puede generar una diversidad de actitudes que no son más que la expresión de nuestra ignorancia. El investigador y divulgador científico Eduard Punset ironiza sobre ello en su libro *Por qué somos como somos:*[1] «Generación tras generación damos muestra de esta ignorancia, hasta el extremo que, ante el llanto de un bebé en su cuna, una abuela podría opinar que hay que dejarle llorar porque esa actitud le disciplinará, su madre correría a cogerle en brazos y le sacaría de la cuna y su hermana opinaría que lo mejor es ponerle música».

El mismo Punset manifiesta en dicha obra que «la mejor manera de luchar contra las enfermedades mentales, la delincuencia y la violencia es prestar a los bebés la debida atención, porque todo apunta a que durante la primera edad se sientan las bases de la salud mental. La psicoterapeuta británica Sue Gerhardt ha dedicado toda su vida profesional al estudio del bebé, a la influencia del afecto en el desarrollo emocional de los más pequeños y a sus consecuencias en la vida adulta. Está considerada una de las mayores expertas mundiales en su campo: la importancia del amor como modulador de los cambios cerebrales en los bebés».

---

[1] *Por qué somos como somos,* Eduard Punset, Aguilar, Madrid, 2008.

Los investigadores coinciden en que el momento más impresionable y el más adecuado para influir de manera significativa en la personalidad e inteligencia de una persona es antes de los cuatro años. Ése es el período más decisivo del desarrollo intelectual, social y emocional en la infancia, cuando el bebé, incluso desde la cuna, explora y aprende el lenguaje. A partir de esa edad, los factores que determinan la inteligencia deben haber alcanzado una estabilidad suficiente como para poder medir el cociente intelectual.[2]

---

[2] Respecto al cociente intelectual, en la tabla siguiente se señalan algunas de las interpretaciones psicológicas más frecuentes (*La mente humana,* José Luis Pinillos):

Tipología	*Cociente*
Genial	160 o más
Superdotado	140-159
Inteligencia superior	120-139
Inteligencia brillante	110-119
Normal	90-109
Poco inteligente, torpe	80-89
Ligera insuficiencia, fronteriza con la subnormalidad	70-79
Retraso mental	60-69
Retraso grave	50-59
Imbécil	25-49
Idiota	0-24

En realidad, la educación de un menor tiene mucho que ver con el control de la conducta mediante recompensas. Los responsables de la educación deben saber que la «confirmación de una conducta» mediante la atención, la disposición, la aprobación y el cariño son la mejor recompensa, por encima del obsequio de juguetes o la asistencia a parques temáticos. Lamentablemente, la carencia de estas actitudes puede dirigir el comportamiento infantil en una dirección opuesta a la deseada.

Veamos un ejemplo que presentó el etólogo Klaus Thews en este sentido:[3]

«Supongamos que una madre se halla agobiada por muchos quehaceres domésticos y varios niños que cuidar. Se sentirá muy contenta cuando el más pequeñín esté jugando tranquilamente en el parque y no la moleste en sus tareas. Pasará por alto, mientras pueda, las llamadas musitadas por el niño e incluso el lloriqueo retenido con que éste trata de llamar su aten-

---

[3] *Etología: la conducta animal, un modelo para el hombre,* Klaus Thews, Círculo de Lectores, Barcelona, 1975.

ción. Sólo cuando la criatura llora a gritos o rompe alguna cosa, deja a un lado sus quehaceres, toma al pequeño en brazos y procura acallarlo.

»Desde el punto de vista de sus dos años, las cosas se ven así: "Si yo juego tranquilamente nadie se ocupa de mí. En cambio, cuando chillo y armo ruido, viene mamá enseguida, me habla, juega conmigo, me acaricia…"; en dos palabras, hace lo que le gusta al niño. Una criatura de dos años no puede darse cuenta de que la madre está en realidad contrariada porque el niño llora y lo único que busca es acallarlo lo más rápido posible. La madre se comporta como si quisiera educarlo en dirección a una conducta "destructora de nervios". La cosa no mejora mucho cuando la madre, al correr el tiempo, reacciona de un modo cada vez más violento, primero regañando y después con malos tratos, contra el incesante griterío del niño».

Cuando el niño ya había aprendido a chillar hasta desgañitarse porque éste resultó ser un mecanismo eficaz para atraer hacia sí la atención de su madre, la incoherente actitud de ésta hizo que el pequeño fuera incapaz de prever el resultado de su conducta y, muy probablemente, adoptara un comportamiento terco, sin atender a unas consecuencias imprevisibles.

Si una criatura llora, por la causa que sea, su madre no conseguirá apaciguarlo con malos tratos. Ante todo, debe preguntarse por la razón de sus lloros…, puede tener hambre o sed, algún dolor o malestar, necesidad de higiene… Los mimos quizá no calmen la posible causa, pero menos lo harán los malos tratos. Es necesario aprender a detectar si el bebé llora porque, sencillamente, necesita cariño. Ésta es una necesidad de los seres humanos y de muchas especies de animales. Los padres y madres han de escoger entre ampliar sus conocimientos sobre la infancia o incrementar sus problemas.

Irónicamente, parece que los menores no se ocupan lo suficiente de enseñar a los padres la manera como hay que tratarlos. De su comportamiento tendríamos que aprender cuál debe ser el de los padres y las madres.

Durante la infancia, y también después de ésta, la estabilidad familiar es uno de los elementos que más afianzan en el menor la sensación de seguridad y que le evitan posibles bloqueos emocionales que pueden perjudicar el desarrollo de su inteligencia. Un entorno familiar ordenado y siempre atento a sus necesidades, sin rigores innecesarios, que promueva la interacción entre sus miembros, facilita que el menor tome iniciativas y se acostumbre a analizar por sí mismo las situaciones que se presenten y a valorar las posibles actuaciones.

Por el contrario, la hiperprotección y los cuidados prodigados con exceso son factores que tienden a frenar al desarrollo intelectual del menor. Es decir, un exceso de mimos, atenciones, o en el cumplimiento incondicional de los caprichos y deseos, dirige las cosas por el mal camino. No es adecuado pensar que «son tan pequeños, tan inocentes, tan bonitos… que no les vas a exigir algo como si fueran mayores…», y que hay que esperar a que sean mayores para que entiendan lo que es correcto. En realidad, el menor que no se eduque de manera correcta desde la cuna será un maleducado, posiblemente por un padre o madre irresponsable, en función de su ignorancia.

Los celos

Es una de las dificultades con que se enfrentan numerosas parejas cuando deciden ampliar su familia, porque los celos en la infancia cuando nace un hermano o hermana son muy habituales.

Para el menor significa vivir en un nuevo escenario en el que ha de compartir los cuidados y el cariño que sus progenitores le dedicaban exclusivamente a él. Las respuestas, como las situaciones, son variopintas. Para tratar de recuperar la atención algunos menores comienzan a comportarse como bebés, mientras que otros se vuelven caprichosos o incluso agresivos.

Padres y madres deben ser comprensivos con el menor «destronado» y mantener actitudes uniformes y coherentes. Entre ellas, destacamos algunas que se recogen en la *Enciclopedia de la medicina y la salud:*[4]

- Evitar los castigos y las reprimendas, pues empeoran la situación.
- Procurar restarle importancia al recién nacido delante del mayor, evitando que todos los mimos se dirijan exclusivamente al bebé.
- Hacer que el mayor se sienta útil, ofreciéndole participar, en la medida de sus posibilidades, en los cuidados y atenciones del bebé.

---

[4] *Enciclopedia de la medicina y la salud,* Círculo de Lectores, Barcelona.

- Permitir que el mayor toque y acaricie al bebé, vigilando con discreción que no le dañe involuntariamente.
- Admitir algunos episodios de regresión del mayor, como el hecho de querer tomarse un biberón, considerando esta situación como un juego.
- Permitir que el mayor acompañe a los padres donde el bebé no pueda ir.
- Reservar diariamente un rato para hacer algo a solas con el mayor, por ejemplo, jugar con él o contarle cuentos.

Apoyar el desarrollo de la inteligencia

Si bien es cierto que la inteligencia es una función biológica que posee unas limitaciones determinadas por la herencia genética y el proceso de gestación, éstas son diferentes en cada ser humano.

Se sabe que la limitación impuesta por la herencia es por ahora insalvable, aunque probablemente las personas no optimizamos durante nuestra vida las posibilidades de nuestra inteligencia.

El psicólogo José Luis Pinillos, en su libro *La mente humana,* manifiesta que: «La superioridad de los genios no se debe exclusivamente a los elevados cocientes intelectuales con que una naturaleza generosa ha querido dotarlos, sino también a las posibilidades que les brinda su circunstancia social y, en especial, al esfuerzo personal por realizarse a fondo como individuos».[5]

La cuestión para muchos progenitores estriba en cómo conseguir para su descendencia la mejor circunstancia social y cómo dotarla de la capacidad de desarrollar y gestionar con eficiencia y eficacia su esfuerzo personal.

El psicólogo estadounidense Burrhus Frederic Skinner (1904-1990), uno de los precursores de la enseñanza programada, demostró que los métodos educativos habituales de la mayoría de pedagogos y progenitores requerían una renovación urgente. Si la educación de los niños se había considerado hasta entonces un arte, afirmó que «en el futuro deberá ser una ciencia. La conducta humana se puede controlar y predecir con tanta exactitud y seguridad como una reacción química».[6]

---

[5] *La mente humana,* José Luis Pinillos, Salvat Editores, SL, Barcelona, 1986.

[6] *Etología,* Burrhus Frederic Skinner, Círculo de Lectores, Barcelona, 1976.

No en vano, Skinner fue discípulo del también psicólogo John B. Watson (1878-1958), fundador del conductismo, quien ya en 1925 había manifestado: «Denme ustedes una docena de bebés sanos y haré de todos ellos y a voluntad y sin atender a sus dotes e inclinaciones, médicos, abogados, artistas, comerciantes o incluso vagabundos y ladrones». Probablemente, ésta sea una exageración que no tiene en cuenta otros factores determinantes de la personalidad y el entorno social de un ser humano, pero no cabe duda de que los contenidos educativos y la manera de exponerlos influyen de manera decisiva en el desarrollo de la inteligencia.

Aunque pueda parecer que los hijos los entrega la madre naturaleza ya hechos, ello no significa que los progenitores no tengan la responsabilidad de hacer nada con ellos. En realidad, el trabajo de padres y madres empieza desde el mismo momento de la gestación, cuidando y cultivando lo que por naturaleza *camina* de generación en generación, con la esperanza de que no se malogre, aún más, la condición humana.

VIII

UNA ESCUELA PARA EL MATRIMONIO

EN nuestra sociedad, las relaciones sentimentales que conducen a una relación de pareja, a un matrimonio, configuran uno de los aspectos de nuestra condición como seres humanos. Como sabemos, esa relación puede configurarse con muy diversos formatos, unos más aceptados socialmente y reconocidos por las instituciones oficiales y otros no tanto, pero todos ellos reales. El matrimonio, sea cual fuere su configuración, es un espacio al que se suele viajar con ilusión y esperanza, pero donde demasiados lo pasan mal o muy mal, y unos pocos peor.

¿Una escuela para el matrimonio? ¿Qué se puede enseñar a los aspirantes a la convivencia matrimonial? Que la vida en común, en general, es susceptible de mejorar resulta evidente; entre otros motivos, porque muchos hijos e hijas pueden dar testimonio de que entre sus progenitores, familiares, amigos y vecinos, las conductas conyugales no eran envidiables y, mucho menos, loables. Cada vez sorprende menos la separación o el divorcio de los matrimonios, y son escandalosamente habituales las noticias de aquellos que se separan matándose como consecuencia de la violencia, generalmente del hombre contra la mujer. ¿Por qué? Intentaremos descubrirlo.

A mi entender, en la medida que confluyan más aspirantes a la vida matrimonial «bien preparados», decrecerá la violencia de género. ¿Y cómo se hace eso? Pues empieza por conocerse a sí mismo, que además de ser «un gran descubrimiento» sirve para facilitar el conocimiento sobre la persona con la que se convive, y prosigue con sentir la necesidad de ampliar lo que se conoce sobre el entorno social y cultural en el que nos desenvolvemos.

Aunque alcanzar el saber suele significar algún esfuerzo, siempre resulta más costosa la infelicidad y el fracaso matrimonial, que suele darse con frecuencia en un ambiente enrarecido, donde cada miembro de la pareja responsabiliza al otro de casi todos los males. Esa es una manera de empezar a sentirse víctimas, que en muchos casos ignoran que lo son, sujetas a la dependencia del alcohol, el tabaco u otras drogas, o los juegos de azar, donde se pierde el dinero y la dignidad…

Desde nuestra infancia nos han inculcado que la vida es un aprendizaje continuo, sucesivo e inevitable; o aprendes o «te la dan». La ignorancia no es gratuita, tiene su coste, su precio; la ignorancia mata, no necesariamente, pero sí ocasionalmente.

Es una práctica generalizada el hecho de llevar a cabo un proceso de preparación para desempeñar cualquiera función de carácter técnico, social, científico, cultural, etc. La mayoría de profesiones requieren unos conocimientos específicos en relación con el cometido de las mismas; y eso nos parece incuestionable porque entendemos que en la medida en que estemos bien preparados desarrollaremos nuestra función de manera más eficaz y eficiente.

Si estas consideraciones sobre cualquier función que se deba realizar parecen idóneas, quizá lo sean más si decimos que son necesarias para establecer una planificada y prudente relación conyugal. No obstante, para esta empresa de tamaña envergadura, pues no olvidemos que es un proyecto de vida en común con todo lo que ello implica, la mayoría de los aspirantes apenas tienen preparación y no conocen realmente los pros y los contras de su decisión hasta que llevan años de convivencia.

Hay tantísimas cosas para las que nos hemos de preparar a conciencia, a veces incluso someternos a pruebas y exámenes que acrediten nuestra capacitación…; y sin embargo, ¿por qué no buscar alguna preparación para ese viaje del que muchos se apean antes del final del trayecto?

En la actualidad, algunas entidades relacionadas con organizaciones religiosas y asesores privados ofrecen sus servicios a los futuros consortes, con el fin de que dispongan de mayores conocimientos antes de iniciar las *prácticas*. A nuestro entender, es un servicio que debería promover la Administración pública, para que la «institución familiar» alcanzase el mayor éxito en las funciones que cumple.

A modo de pinceladas, he aquí algunos de los contenidos que debería impartir una «escuela del matrimonio»:

1. Formación sobre la convivencia, que ayude a entender y a concienciar a los contrayentes de que han de convivir con un ser humano tan imperfecto como ellos o ellas (que

ya es), o quizá incluso más, y que en favor del equilibrio de la relación deberán aprender a competir para decir y hacer las cosas mejor que el otro o la otra.

2. Educación sexual básica, aunque para mantener una relación sexual sana y satisfactoria puede ser aconsejable contar con el asesoramiento de profesionales especializados en sexología. Hemos de tener en cuenta que la ignorancia en esta cuestión resulta muy costosa.

3. Formación sobre economía doméstica, que enseñe a planificar los gastos de acuerdo con las posibilidades económicas de la entidad familiar, a corto, medio y largo plazo.

4. Formación sobre estilos de vida y hábitos cotidianos sostenibles, que faciliten la relación de la familia con su entorno natural y social. Esto incluye, por ejemplo las relaciones con la familia política. Habría que ofrecerles algunas pautas para favorecer un trato correcto y al mismo tiempo salvaguardar el espacio propio de la pareja.

5. Formación sobre planificación familiar, para concienciar a los cónyuges de la importancia de tener sólo aquellos hijos que es viable

tener. Hacerles reflexionar sobre el coste de su mantenimiento y del conjunto de cuidados que deberán procurarles para satisfacer sus necesidades.

6. Formación sobre la educación de los hijos, donde cuenta más el ejemplo que el discurso, aunque éste también es necesario. No perder de vista que los hijos (a veces) saben más de lo que creemos que saben, pues ya lo dice el refrán: «Tonto es el que piensa que el otro no piensa».

7. Formación sobre la fisiología de la persona, para que todos tengan unos conocimientos básicos de los principales órganos del cuerpo y su función, y de cuáles son los elementos fundamentales para llevar una vida sana, personal y familiar.

A título orientativo, éstas son algunas sugerencias que la experiencia aconseja:

1. Que los componentes de la pareja se conozcan desde algún tiempo atrás para sentir la sensación, al menos, de que se conocen.

2. Que las edades de ambos no sean muy distantes.

3. Que las posibles diferencias culturales, de costumbres o de lenguaje, por ejemplo, no resulten excesivas.

4. Que las dos partes de ese contrato que no se lee y que tiende a no firmarse, no deben desconocer que hay una legislación que los informa y los ampara: el Código Civil, donde se contemplan las pautas de comportamiento, los deberes y derechos del vínculo conyugal.

El Código Civil español es un conjunto ordenado y sistematizado de normas de derecho privado, cuya finalidad es regular las relaciones civiles de las personas. En su capítulo V dice que «Los cónyuges son iguales en derechos y deberes», y a él le siguen una serie de artículos relacionados con el matrimonio y los hijos. Es un instrumento que no sólo sirve a las personas vinculadas a la legislación, sino a cuantos necesiten asesoramiento puntual sobre numerosas materias de las relaciones sociales y el ejercicio de los derechos y los deberes.

Para el largo y a veces angosto viaje de la vida conyugal, siempre es mejor prever. Toda preparación que pueda anteceder a la experiencia matrimonial evitará gritos de socorro entre aquellos que se sumergieron en un mar desconocido, sin haber aprendido a nadar.

Personalmente, puedo dar testimonio de que después de los primeros sesenta años de convivencia matrimonial, mi esposa y el marido de ella hemos sobrevivido, ¡que ya es!, … superando cositas, claro.

En este capítulo espero haber contestado el intento de conocer la razón de la violencia de género en el matrimonio. Lo escrito en él ha sido pensado con el objetivo de que una escuela del matrimonio sirva para concienciar a los contrayentes conyugales, para que una convivencia idónea supere la penosa realidad que aún sigue pidiendo socorro…

IX

SOBRE LA AGRESIVIDAD Y LA PAZ

LA conducta agresiva es una manifestación básica en la actividad de todos los seres vivos; no obstante, no todos los comportamientos que aparentan ser agresivos lo son. En los seres humanos conviene escoger bien las palabras que utilizamos para distinguir unas actuaciones de otras, pues algunas palabras llevan implícita una carga de violencia o agresividad que no procede según el contexto.

No es lo mismo decir que un deportista defiende correctamente y con entusiasmo a su equipo, que imputarle una actitud ofensiva para alcanzar sus fines. La mayoría de los espectáculos deportivos llevan implícita una carga de violencia, parienta cercana de la agresividad, aunque sólo alcanza esa cualidad cuando se agrede (o se pretende agredir) de forma consciente.

La verdadera agresividad se debe enmarcar, primero, en su origen innato y, segundo, en un ámbito cultural-vivencial. Su consecuencia se expresa en los modos de comportamiento humano que conocemos y experimentamos.

La agresividad es tan innata entre los seres humanos como lo es en todo el reino animal. Con una diferencia sustancial: los individuos de numerosas especies respetan la vida de los más débiles. Tras un episodio de lucha, hay un ganador y un perdedor, pero no hay muertos; es entonces cuando el vencido adopta la postura de sometimiento y se beneficia de la incapacidad de morder del más fuerte.

Los seres humanos, en cambio, no suelen inhibir su capacidad de agresión frente al más débil, sumiso y paciente. Al contrario, ante determinadas situaciones la persona se envalentona, se siente fuerte, atrevida y osada.

No obstante, los seres humanos también pueden estar condicionados por una cultura integral, que promueva valores cívicos y éticos eminentemente humanitarios y altruistas. Con este bagaje cultural se ha podido y se puede inhibir la capacidad de agresión, ya que la plasticidad humana frente al entorno natural y cultural es susceptible de ser modificada para el bien o para el mal, para lo positivo y para lo negativo. Todo cuanto somos capaces de aprender puede condicionarnos para ser mejores o peores personas; tan «mejores» que, en casos excepcionales, podemos llegar a arriesgar nuestra vida para salvar la de otras personas, incluso desconocidas. Nuestra conducta es a veces imprevisible. Digamos que se trata de uno de los aspectos de la condición humana. De hecho, el concepto de agresividad se localiza en numerosas manifestaciones de nuestra existencia.

El psiquiatra Anthony Storr, en su libro *La agresividad humana,*[1] apuntaba algunas de estas manifestaciones:

«El niño de rostro congestionado que berrea para que le den el biberón se está mostrando agresivo, pero también lo es el juez que dicta una sentencia de treinta años por robo. El guardián de un campo de concentración que tortura a su indefensa víctima está, como es obvio, actuando agresivamente. De manera menos manifiesta, pero no menos cierta, también actúa así la esposa abandonada que amenaza

---

[1] *La agresividad humana,* Anthony Storr, Alianza Editorial, 1968.

con suicidarse o trata de hacerlo para recuperar el afecto de su marido».

Al usar la palabra «agresividad» es necesario realizar un esfuerzo añadido para que su aplicación sea lo más precisa posible.

En otro apartado, el mismo autor reflexiona sobre la agresividad humana en estos términos:

«Que el hombre es una criatura agresiva es algo que difícilmente discutirá nadie. Salvo la excepción de ciertos roedores, ningún otro vertebrado mata habitualmente a miembros de su misma especie. Ningún otro animal disfruta practicando la crueldad sobre otro de su misma especie. Generalmente, describimos los ejemplos más repulsivos de la crueldad del hombre como algo brutal o bestial, y con estos adjetivos damos a entender que semejante comportamiento es propio de animales menos desarrollados que nosotros. A decir verdad, sin embargo, los casos extremos de comportamiento "brutal" están limitados al ser humano, y nuestro salvaje trato mutuo no tiene parangón en la naturaleza. Lo tristemente cierto es que somos la especie más cruel y despiadada que jamás haya pisado la tierra; y que, aunque podemos retroceder horrorizados cuando leemos en un periódico o en un libro de historia las atrocidades que el hombre ha cometido con el hombre, en nuestro fuero interno sabemos que cada uno de nosotros alberga dentro de sí los salvajes impulsos que conducen al asesinato, a la tortura y a la guerra».

Para Anthony Storr, «no existe una línea divisoria clara entre las formas de agresividad que todos lamentamos y aquellas que no podemos desautorizar si hemos de sobrevivir». En este sentido, conviene observar que en el lenguaje coloquial se acostumbra a utilizar numerosas expresiones con una notable carga de agresividad. Resulta frecuente referirse al quehacer cotidiano como «la lucha diaria»; a resolver un problema como «vencer una dificultad»; a asumir la resolución de un asunto como «atacar una cuestión» o «hincarle el diente»; o a tratar de dominar una situación como «luchar con ella y vencerla».

Podría deducirse que la agresividad está presente, de forma manifiesta o latente, en la mente y cultura humanas desde los tiempos más remotos. Probablemente, sin ella nuestra especie no habría sobrevivido.

Storr manifiesta que «es una paradoja trágica que las mismas cualidades que han producido los extraordinarios éxitos del hombre sean también las más idóneas para destruirle. Su despiadado impulso por dominar o destruir cualquier obstáculo aparente que se interponga en su camino no se detiene ante sus propios semejantes; y, puesto que ahora se halla en posesión de armas cuyo poder destructor no tiene comparación, y le faltan también, al parecer, las defensas internas que impiden a la mayoría de los animales matar a otros de su misma especie, no es imposible que aún pueda producir la eliminación total del *Homo sapiens*».

La inteligencia de la paz

La posibilidad de una guerra nuclear nos amenaza a todos, pero no parece que ello cree una alarma social suficiente. Si así fuera, ya que el riesgo es global, todos los días en algún lugar del mundo habría alguna manifestación en contra de la guerra y en favor de la paz. Por el contrario, la mayoría de la población parece más preocupada y ocupada en vivir lo mejor posible y divertirse despreocupada y distraídamente. Todo indica que no creen factible una guerra atómica, a pesar de la agresividad que destilan los dirigentes de algunas superpotencias mundiales. Algunos razonan en el sentido de que con la cantidad de armas atómicas que tienen algunos países –Estados Unidos y Rusia poseen el 90 % del armamento nuclear mundial–, si llegaran a utilizarlas, no quedaría nadie con vida. Olvidan que la historia ha dado suficientes ejemplos de que cuando un loco tiene el poder, poco le importan los razonamientos pacifistas. En ocasiones, se olvida que tiempo y ocasión acontece a todos, y quizá a todo… Los mayores irresponsables que ocasionaron las grandes guerras mundiales no engañaron a nadie; a unos se les descubrió la intención y a otros les delataron sus escritos. Mientras, las naciones amenazadas dormían el sueño de la «suicida distracción». Para conocer la historia de la humanidad, basta con conocer la historia de sus guerras. Los turistas contemporáneos pueden escoger para este cometido los mejores medios de transporte.

Las circunstancias que pueden provocar una guerra son de tal magnitud y complejidad que difícilmente una sola persona, con su único punto de vista, puede ser capaz de comprenderlas y, aún menos, explicarlas. No obstante, sí podemos, desde nuestra humilde posición, tratar de comprender y explicar las circunstancias que han de concurrir para la paz.

En primer lugar, debemos considerar que para conseguir una reducción en la agresividad que puede manifestar una sociedad globalizada, la que puede llevar a situaciones de tensión y de enfrentamientos bélicos, es necesario aceptar que los aspectos psicológicos merecen tanta atención como los políticos y económicos, y que merecen la implicación de los mejores talentos.

A continuación, podemos referirnos al coste de la paz. Si las guerras cuestan tanto para provocar tanto daño y destrucción, sería insensato pensar que la paz vaya a ser un don gratuito. Si tuviéramos que calcular su coste en función de sus beneficios, parecería lógico suponer que la paz hay que pagarla a un precio muy alto y ancho.

Para conseguir que, en cualquier caso, el coste sea razonable, urge que las acciones tendentes a la paz sean sumamente eficientes. Para ello, hay que apoyar, de forma globalizada, «la cultura de la paz». Una paz que salvará a los niños y a los ancianos, a los ricos y a los pobres, a los irresponsables y a los responsables. A unos y a otros, porque la paz no discrimina ni incrimina. Las personas conscientes de esta necesidad tienen la responsabilidad de hacer algo en pro de esa paz. En la medida que se incremente el número de personas que lleguen a esta conclusión, se podrán promover acciones que fuercen a los gobiernos a establecer «presupuestos y programas» para la paz.

Contra la distracción

Decir que el ser humano es agresivo por naturaleza no supone que todos lo seamos en la misma medida y en las mismas circunstancias. La conducta humana depende de una interacción de factores: además de la genética y la herencia cultural, los condicionantes ocasionales y las circunstancias de muy diversa naturaleza ejercen una influencia determinante.

Por otro lado, si bien es cierto que en el pasado los seres humanos sólo pudieron defenderse de feroces animales gracias a su carácter agresivo-defensivo, también lo es que actualmente su mayor enemigo es su propia especie y familia.

La agresividad también se manifiesta en los medios de comunicación. Demasiados programas televisivos y largometrajes de carácter agresivo, violento y conflictivo condicionan negativamente a los televidentes, en especial a los de corta edad. También demasiadas cadenas de televisión adolecen de programas amenos, culturales, con escenas apacibles, amigables y humanitarias. Todo parece diseñado con el objetivo de *distraer* al público y alejarlo de sus verdaderos intereses humanos y sociales.

Tal vez la idea es mantener a las masas calmadas y controladas, cada uno en su sofá en vez de en la calle causando problemas al gobernante de turno. Y les ofrecen trivialidades que fomentan en ellos un pensamiento superficial *(realitys,* programas de carácter sensacionalista y supérfluo, etc.) y poco comprometido. Apuestan, en suma, por distraer y no tanto por concienciar al individuo; algunos dirían que para evitar que se preocupe demasiado por los graves problemas que acechan al mundo y no se entrometa, y se preocupe sólo de producir, producir, y no piense más que en consumir lo producido.

En definitiva, frente a la abrumadora manipulación que ejercen los medios de comunicación, muchos dudan o niegan la posibilidad de que el ser humano pueda llegar a sentirse solidario con las necesidades ajenas. Para ser honestos, no deberíamos sorprendernos ni escandalizarnos en exceso por los defectos de los demás, ya que ellos también son seres humanos como nosotros y no hacen sino mostrarnos una realidad a la que todos estamos expuestos.

Leyendo algunos libros dedicados a la ciencia de la conducta humana, da la impresión de que están más de acuerdo en atribuir un carácter innato a la agresividad humana que atribuir la misma naturaleza innata a los actos afables, apacibles, bondadosos, amigables, éticos, solidarios y fraternales.

Sin embargo, las ciencias sociales, en particular la antropología, la etología y la sociología, dan testimonio de que los seres humanos también disfrutan del carácter innato de la amistad, la sociabilidad, el altruismo y otras virtudes que le confieren una idiosincrasia peculiar y manifiestamente bondadosa y amigable.

La historia es un testimonio tangible y constante de sucesos donde el ser humano, programado por la filogénesis evolutiva, puede alcanzar el pináculo del heroísmo moral: el *altruismo*. Sin duda, ello constituye una luz de esperanza para los que trabajan para que la entropía social no gane nunca su proyecto degenerativo contra las virtudes humanas.

Como se ha dicho en páginas anteriores, nacemos condicionados para que sea posible que nos condicionen y para condicionar. Es posible que nos configuren mediante algún tipo de manipulación, por métodos científicos de carácter psicológico, alienando nuestro carácter, voluntad e idiosincrasia, mutando así nuestra personalidad, juicio y conducta. Ahí tenemos las causas, es decir, los «porqués» de nuestro «cómo». Aunque somos el resultado de la esencia filogenética de una evolución, caemos después en los brazos de unos padres que quizá no sabrán qué hacer de nosotros.

En la práctica, poco podemos escoger sobre el proceso de constitución de nuestra identidad, como tampoco hemos podido hacerlo con el país de nacimiento, la etnia, el barrio, la ciudad, o simplemente con la tribu que nos haya caído en suerte. Y digo en suerte con intención, pues si nacemos en según qué suburbios, de según qué ciudades, de según qué países… de suerte nada.

Las desigualdades sociales hacen que la realidad de una gran mayoría de condiciones humanas no sea motivo de celebración. Sea como fuere, somos seres condicionados por circunstancias en las que no tenemos arte ni parte, viviendo en un mundo manejado por poderes de hecho y grupos de presión que manejan los hilos de nuestra historia. Poderes de hecho, que lo son tanto, que terminan siéndolo de derecho en un mundo globalizado.

Quizá podamos felicitarnos si pertenecemos al colectivo de humanos que hemos podido reprimir en gran medida la agresividad, y disfrutamos viviendo, dejando vivir y, en algunos casos, incluso, con permiso del altruismo, ayudando a vivir.

X

LA CULPA, ¿UN CONCEPTO GRATUITO E INFUNDADO?

¿QUÉ culpa tiene el tomate de nacer en una mata y que venga un ser humano, lo meta en una lata y lo mande quién sabe dónde? «¿Qué culpa tiene el tomate?», decía la canción.

Es obvio que el tomate no tiene ninguna culpa. Y abundando en el mismo sentido, ¿qué culpa tiene el sol de las quemaduras que produce en nuestra piel, de deslumbrar a los automovilistas o de los tormentos que causa en los tórridos desiertos? ¿Acaso puede dejar de estar ahí donde está y de emitir los rayos que emite?

O ¿qué culpa tiene la nieve de que muchas personas se accidenten o pierdan la vida en las montañas y en las carreteras? ¿Y qué decir de la culpa de los mares enfurecidos que hunden barcos de todos los tamaños y banderas? ¿Y la pretendida culpa de las lluvias torrenciales que multiplican el caudal de los ríos y anegan los cultivos y las ciudades, causando destrozos e innumerables víctimas?

Tanta pretendida culpabilidad lleva a que nos preguntemos ¿por qué en los medios de comunicación, especialmente en la televisión, se *culpa* a la naturaleza de los males que ocasiona? ¿Se pueden pedir responsabilidades por todo ello a los fenómenos naturales? En realidad, un vehículo puede sufrir un deslizamiento «a causa de…», pero no «por culpa de…» la lluvia o la nieve. Si sus ocupantes sufren un percance, se podrá decir que han tenido mala suerte por la desgracia, pero no debería culparse a la naturaleza de sus efectos.

¿Qué motivos existen para que la culpa esté siempre presente en nuestro entorno?

Al igual que ocurre con los fenómenos naturales, también es cuestionable la pretendida culpa humana. Para saber a ciencia cierta si el ser humano puede ser considerado culpable de algo, deberíamos aproximarnos a su verdadera condición, formada en primer lugar por lo endógeno de su naturaleza, es decir, por su origen más primitivo como especie y por la herencia genética de sus progenitores en una cadena que parece no tener fin.

Mientras esto sucede de forma natural y con amplísimas consecuencias para nuestro comportamiento, existen en segundo lugar los condicionantes exógenos. Son los que determinan la conducta de los humanos a través de la cultura que se da en cada marco social y de desarrollo económico; en un mundo que se mueve con el lastre de una sociedad consumista, en el que conviven con osada naturalidad la opulencia y el lujo, a pocos metros de la miseria, el hambre y la marginación; una sociedad enfrentada entre poderosos y menesterosos, entre los que quieren saber y saben, y los que saben tan poco que no quieren saber, entre guías y guiados. Como resultado de esa condición, toman un peso muy significativo los medios de comunicación de masas, que influyen de manera decisiva en agudizar las carencias intelectuales, la conducta incívica y poco ética de algunas personas.

En definitiva, condicionantes internos y externos que modelan generación tras generación al ser humano, preparándole para un comportamiento condicionado por las circunstancias. Factores que la autoridad competente no toma en su verdadera dimensión cuando juzga y declara «culpables», sin escudriñar las verdaderas causas del comportamiento humano.

La culpa, en realidad, siempre está al servicio de la acusación.

Es una culpa que aparece como gratuita e infundada, que hace a los seres humanos responsables de cargos quizá cuestionables, si se considerara su innata agresividad y los poderosos factores de la «vivencia social».

Aunque el *Diccionario ideológico de la lengua española,* de Julio Casares, define la culpa como «falta o acto más o menos grave cometido a sabiendas y voluntariamente», a nuestro parecer, vivimos en un mundo de víctimas a las que se acusa de culpables y que, recíprocamente, se culpabilizan.

Origen y evolución de las ideas penales

En la actualidad, la antropología, la etología, la sociología y la psicología ayudan a entender el concepto de la «no culpa».

Pero los orígenes de las ideas relacionadas con lo penal se encuentran ya en los textos de los filósofos clásicos. Platón (427-347 aC) consideraba el delito como producto de un error de juicio y una enfermedad del alma, y entendía que la acción correctora que merecía el causante debía ser reformadora y curativa. En su *República,* adelantándose muchos siglos a las ideas actuales, el filósofo griego concibió tres tipos de prisiones, diseñadas como centros de tratamiento para la protección de los ciudadanos y como una manera de dar forma a los derechos del delincuente. Su objeto no era atacar la criminalidad, sino sus causas.

No fue hasta finales del siglo XIX que surgió una novedosa corriente de pensamiento que dejó de considerar el delito un «ente jurídico» para entenderlo como un hecho natural causado por factores biológicos y sociológicos.

El delito, entendido pues como error de juicio o hecho natural, no parece que vaya a superarse castigando como presunto culpable a quien no es sino una víctima de las circunstancias.

Cuando los presos concluyen su período de encarcelamiento en mejores condiciones humanas de las que entraron, ello suele deberse a que la prisión ha actuado como una escuela reformativa. Probablemente, el número de prisiones se reducirá en mayor medida cuando los sectores más marginados de la sociedad reciban la formación adecuada. No se trata, por tanto, de infligir castigos más severos al reo para asustar al potencial delincuente (al contrario de lo que defienden, quizá peligrosamente, algunas culturas). Siempre será más económico y loable formar a los ciudadanos para que no tengan que sufrir la experiencia de la reclusión forzada. Es mejor educarlos y prepararlos para que lleven una vida correcta antes de recluirlos, que tener que hacerlo después.

Mientras que desde los diferentes estamentos sociales (Administración pública, familia, asociaciones…) no se impulse una política que regenere los niveles culturales del conjunto de la sociedad, cabe suponer que a los jueces no les va a faltar trabajo.

En cuanto al hecho de reprimir los actos manifiestamente agresivos y perjudiciales para la sociedad y su entorno, aunque los autores no sean culpables, por su evidente irresponsabilidad, parece acertado que sean «contenidos» de alguna manera civilizada, dado que requieren ser controlados para su rehabilitación ética y de respeto a los derechos humanos.

En mi opinión, la condena más coherente es la que obligue a andar el camino hacia la liberación de la marginación social y cultural, y la delincuencia. En los jóvenes, cualquier condena ha de servir para que salgan de su reclusión más preparados culturalmente y capacitados con las técnicas que les faciliten oportunidades de desarrollar un trabajo digno y socialmente productivo.

Como avanzábamos antes, es contradictorio declarar «culpable» a una persona sin tener en cuenta los condicionantes y circunstancias vitales para establecer la justicia cuando se imputa un supuesto delito. Sería muy difícil demostrar una pretendida culpabilidad si se considerara la historia «vivencial» del presunto culpable, es decir, el conjunto de las experiencias que el individuo ha incorporado a su personalidad a lo largo de su vida, con una participación con frecuencia inconsciente.

La inteligencia está íntimamente relacionada con la capacidad de dar respuesta a los impulsos que recibimos del entorno y con nuestra actitud social. Desde nuestra manera de entender los valores cívicos y éticos podemos dar testimonio de una conducta comedida, amable y amigable. Nuestro sentido de la responsabilidad se corresponde con nuestra entereza de ánimo y el sentido de lo que es correcto en cada ocasión. Quien se siente feliz con estos pensamientos y su correspondiente comportamiento puede asegurar a los demás, para su tranquilidad y contento, que no les va a pasar nada malo por su causa.

Pero ¿cómo se debe actuar para ser «correcto» dentro de unos límites razonables? Por un lado, deberíamos definir qué es lo correcto, porque sabemos que es algo cambiante, en función del tiempo y del lugar. Por otro lado, nuestra capacidad de actuación depende más de cómo nos hayan hecho, es decir, de lo que hayan hecho de nosotros, que de lo que cada uno es capaz de hacer por sí mismo. Somos la consecuencia de nuestras vivencias; nos empezaron a hacer desde el nacimiento y el proceso continúa mientras vivamos. Somos el resultado de una interacción sociocultural y de la participación de cada individuo en la evolución de una cultura que es transpersonal. Así, si el ser humano puede ser manipulado para el bien o para el mal, puede que nuestros méritos no tengan el valor que se les supone, ni nuestras malas obras las responsabilidades que se les imputan.

Entonces, ¿qué valor tiene lo que uno hace de manera aparentemente voluntaria? Sólo el que tiene desde la premisa de la causa que antecede a todo efecto. Somos los receptores de causas que tienen efectos inevitables. Haremos lo correcto si las circunstancias condicionantes nos han capacitado para ello, y lo incorrecto si nuestra vivencia nos ha condicionado para lo contrario. Descubrir estos condicionantes circunstanciales puede ser un factor clave que nos invite a enterarnos, de una vez por todas, de cómo debemos hacer lo correcto con nosotros y con el prójimo.

¿Es posible liberarse de ese yugo? ¡Es posible! Pero es tan posible como difícil. Parece que la historia y la experiencia personal demuestran que es más difícil liberarse que esclavizarse.

En ocasiones, liberarse de un yugo implica ejecutar *actos posibles pero prohibidos.* Quien afirma: «esto no se puede hacer», se está refiriendo a un hecho. ¿No será que ese hecho sólo tiene la prohibición de ser ejecutado? Conviene aclarar que todo aquello que está prohibido es algo que se puede hacer, es decir, hay muchas cosas que se pueden hacer pero se han prohibido por alguna razón. La salud pública, el orden social o el respeto a la vida son algunas de las razones que conllevan numerosas prohibiciones.

En realidad, sería bueno deslindar «no se puede» de «no se debe». El «no se puede hacer» siempre debería utilizarse para manifestar aquello que es imposible hacer, mientras que para aquello otro que es posible hacer pero que *no conviene* es mejor utilizar «no se debe hacer», porque se puede hacer tanto que incluso se ha prohibido su realización.

Para comprender una determinada responsabilidad circunstancial de una persona, uno de los caminos consiste en analizar la personalidad del sujeto, de sus características intelectuales y sentimentales con respecto a sus valores culturales y morales.

Nos será más fácil de entender la capacidad de responsabilidad de una persona que merezca nuestro consenso moral. ¿Pero qué pasará con aquella otra que haya sido marginada por un entorno alienante? Cuando quizá se trate de un individuo que empezó su escuela en los brazos de una madre que no tenía apenas conocimiento de cómo tratar, cuidar y educar a su hijo; cuando la persona haya crecido en alguno de los polos de marginación de nuestras ciudades…

Antes de penalizar determinadas conductas, cabría preguntarse ¿qué culpa se puede imputar a jóvenes marginados desde los brazos de sus progenitores? Cuántas veces hemos oído decir: «Estos jóvenes no tienen la culpa de ser como son. La culpa la tienen sus padres porque no se ocuparon de educarlos bien». Pero ¿qué culpa han tenido los padres de no estar educados para saber educar? Así, la culpa tampoco la tienen los padres, sino los abuelos, por no haber educado a esos padres… Y de este modo, podría parecer que nos pusiéramos en busca del eslabón perdido. Aunque en este caso, el eslabón no se ha perdido, sabemos dónde está.

Habría que dejar atrás lo de echar la «culpa» a alguien y buscar las causas y sus respectivos efectos. Porque no es correcto culpar o responsabilizar a un ser humano por los errores que comete en su ignorancia, distracción o equivoco. Con estos motivos, de culpa nada de nada.

Se ha dicho que equivocarse es de humanos y que rectificar el error conocido es de humanos inteligentes. En la gran carrera de obstáculos que nos prepara la vida, hay quienes acaban alguno de los tramos tan maltrechos que les resulta muy costoso enderezar el camino. Tanto que no lo superan y su incorrecta anda*dura* los lleva a pagar una factura que no deben, pero que la justicia actual –sin duda mejor que la de mil años atrás, pero seguramente no tan buena como la que habrá de aquí a mil más– quiere cobrar de un modo u otro.

Todos deberíamos recordar que la agresividad humana es una cualidad innata, pero que si no la controlamos nos puede llevar a la cárcel. Así que, ¡cuidado!, no sea que lleguemos a la culpa por una condición innata, impuesta a la sombra de nuestra voluntad.

Tomamos de nuevo el *Diccionario ideológico de la lengua española* para observar una definición sobre el concepto de «responsabilidad». Dice así de ésta: «cargo u obligación moral que resulta para uno, del posible yerro en cosa o asunto determinado». Queda claro, pues, que los errores propios que perjudican al vecino no los tiene que pagar el vecino, sino quien los comete. Ya sea queriendo o sin querer, porque la ignorancia de las leyes no exime del deber de cumplirlas.

Para acabar, cabe añadir que aunque existen condicionantes que pueden manipular de algún modo la razón, la atención, la voluntad y, en consecuencia, la libertad, haciendo que muchas personas sean aparentemente felices en el «gran teatro de las distracciones», dicha manipulación será tanto más difícil en la medida en que la persona preste atención a su entorno cultural, político, económico e incluso religioso, atenta al devenir histórico del género humano.

En la actual sociedad globalizada viven y conviven ciudadanos con conciencia de «libertad», un concepto que no es necesariamente un obsequio gratuito de circunstancias fortuitas. El uso de la libertad, el respeto que merece y la defensa a que obliga, debe darse en el marco de una *cultura integral* y de una *justicia moral,* implícitas ambas en los derechos humanos, con sus correspondientes «deberes», también humanos.

La conciencia de libertad está en estrecha relación con la cantidad y calidad de nuestros conocimientos y de nuestros razonamientos. Podría ser altamente productivo que dedicáramos mayores espacios de tiempo a pensar… Como aconseja el pensador argentino Eduardo Mazo: «Piensa, amigo, piensa, que no duele».

Epílogo

Como colofón de los diez capítulos de este libro, me parece necesario considerar todavía algunos aspectos y poner de relieve otros para que el concepto de «condición humana» pueda interpretarse como un conocimiento vital, que desde la antigüedad ha motivado el pensamiento de los filósofos. La sentencia de Sócrates: «Conócete a ti mismo» es una invitación a descubrir nuestras condiciones inevitables.

Soy consciente de no haber tratado algunos aspectos en la dimensión y profundidad que merecen. Me refiero a condicionantes de carácter político y religioso, factores que, por su importancia y trascendencia, condicionan a todo el conjunto de los seres humanos y acentúan su afectación, la que fuere, en la medida que las personas nos implicamos voluntariamente en ellos.

Tampoco debemos olvidar otros condicionantes, como la nacionalidad, la etnia, el idioma, la cultura en la que se desenvuelve la persona, su situación social y económica, su profesión… Todo ello condiciona la «vivencia» y la convivencia con familiares, amigos y vecinos. Así lo hacen también, como hemos dicho a lo largo de las páginas de este libro, los medios de comunicación –en particular la televisión–, los espectáculos de masas, como el fútbol, los grandes musicales, las carreras de automóviles… Incluso los libros que leemos y, sobre todo, los que no leemos, pues estos últimos nos condicionan a ¡no saber!

Poner de relieve estos factores condicionantes, quizá puntuales y cambiantes en el tiempo, no significa que tengan que ser de carácter perverso o negativo, ni necesariamente virtuosos y amigables.

Deseo resaltar en este epílogo algunos aspectos esenciales que se han tratado a lo largo de los capítulos.

En el primer capítulo, me he referido al devenir humano partiendo de la información científica, la filogénesis y el proceso evolutivo que descubrió Charles Darwin y confirmó posteriormente la ciencia.

En el segundo se ofrecen más de veinte palabras que expresan conceptos de condicionamiento sociocultural de carácter negativo. Pero existe otro condicionante necesario, natural, inevitable…

En el tercero se presentan las diferentes acepciones de la palabra «sentido». Se citan los sentidos humanos y se ofrece una reflexión sobre el «sentido común», más común de lo que cabría suponer, y sobre la capacidad humana para dar sentido a las cosas.

La libertad humana, tratada en el cuarto, históricamente contemplada, ha tenido la capacidad de destruir imperios y tiranías, ha superado largas esclavitudes, y persigue con empeño el glorioso final que ha de resultar de ese proceso.

En el capítulo quinto se aborda la ética. ¿Cuál es su fin último? Se podría decir que para que todos cumplamos con nuestros deberes. Con la imparable evolución de muchas cosas, quizá algún día se consiga que, junto a la Declaración de los Derechos Humanos, aparezca la «Declaración de los Deberes Humanos», al objeto de compensar los valores.

La explosión demográfica, referida en el capítulo sexto, es un grito de socorro que espera ser oído por la inteligencia humana.

Lo más importante del capítulo séptimo, dedicado a las atenciones a la infancia, se resume en la cita del filósofo griego Pitágoras: «Educad a los niños y no será necesario castigar a los padres». ¿Cuántas personas están en las cárceles porque unos padres sin culpa los educaron mal?

El capítulo octavo tiene como título «Una escuela para el matrimonio». Quiero suponer que mis lectores ya son conscientes de la conveniencia y necesidad de que los jóvenes, y a veces no tan jóvenes, cuenten con una muy buena «escuela» que se emplee a fondo en educar a quienes tienen la valentía de sumergirse en un mar desconocido: la vida conyugal; variopinto lugar con un sinfín de sorpresas...

En el capítulo noveno traigo a colación la agresividad innata, condición que impera en todo el reino animal, incluido en el jefe de la tribu, el ser humano. La historia y la realidad contemporánea nos ilustran sobre esta circunstancia, pero también de las bondades humanas. Son tan naturales estas condiciones como el resto de la naturaleza global.

Finalmente, en el capítulo décimo se plantea un interrogante sobre la culpa. Es una herramienta que se usa contra los demás, generalmente por todos, aunque la gran mayoría no son culpables de la causa de la cual se les acusa, ni de las demás.

Retomando el principio de este epílogo, cuando el filósofo griego dijo «Conócete a ti mismo», ha de suponerse que incluía el conocimiento de nuestro organismo y de su funcionamiento. En este sentido, aconsejo encarecidamente la lectura de algunas obras que nos ilustren sobre ese conocimiento y los avances que continuamente se suceden en él.

Muchas de las situaciones problemáticas que se producen a lo largo de la vida, bien enfrentadas, pueden fortalecernos y enseñarnos el modo de evitar problemas mayores.

El conocimiento de la condición humana debería servir para tener conciencia de sus causas y de sus posibles e imprevisibles pero reales efectos.

Quizá gracias a este libro algún lector reflexione y descubra alguna cosa, probablemente *nada* frente a la cantidad y complejidad de todo aquello que ignoramos, tanto que *no sabemos*.

Personalmente, escribir este libro me ha resultado una actividad muy gratificante. Capítulo a capítulo, me ha permitido reflexionar sobre mi experiencia personal y pensar que quizá mis reflexiones puedan ser de utilidad para el lector, en especial para aquel que sigue convencido de que nunca es tarde para preguntarse por qué y aprender, sea de las vivencias propias o de las ajenas.

Si al amigo lector le gusta pensar, espero que este libro le haya ayudado a ello.